清华博工的
高效学习秘籍

成为
学习高手

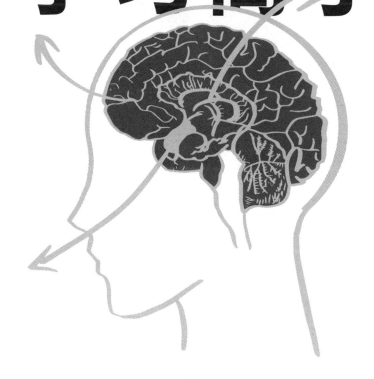

和 渊 —— 著

人民邮电出版社
北京

图书在版编目（ＣＩＰ）数据

成为学习高手：清华博士的高效学习秘籍 / 和渊著
. -- 北京：人民邮电出版社，2021.11
ISBN 978-7-115-56928-8

Ⅰ．①成… Ⅱ．①和… Ⅲ．①学习方法 Ⅳ.
①G791

中国版本图书馆CIP数据核字(2021)第137941号

◆ 著　　　　和　渊
责任编辑　　魏勇俊
责任印制　　陈　犇

◆ 人民邮电出版社出版发行　　北京市丰台区成寿寺路 11 号
邮编　100164　　电子邮件　315@ptpress.com.cn
网址　https://www.ptpress.com.cn
北京天宇星印刷厂印刷

◆ 开本：880×1230　1/32
印张：6.25　　　　　　　　　　　2021 年 11 月第 1 版
字数：300 千字　　　　　　　　　2025 年 8 月北京第 32 次印刷

定价：59.80 元

读者服务热线：(010)53913866　印装质量热线：(010)81055316
反盗版热线：(010)81055315

谨以此书献给我的两个孩子

内容提要

本书是写给孩子的学习方法指南，旨在让孩子更高效地学习，也让家长明白如何更高效地引导孩子学习。本书不是高大上的理论说教，而是解决具体问题的操作建议和行动指令，是孩子们看了就能用、用了就有效的实用锦囊。

很多人花费了大量的时间和精力进行学习，却发现自己陷入了"学了就忘，忘了又学"的境况。怎样学习才能更高效呢？学习其实有一套行之有效的规律和方法，对于"如何学习"这件事，现代认知科学家、教育家、心理学家、神经科学家已经进行了很多成熟的科学研究，但很多只停留在学术圈内，没有得到应用，不为大众所知。

本书是一本将关于学习的科学理论与学生的学习实践结合在一起的"实操锦囊"，把理论转化为了对具体问题的操作建议。书的内容分为三部分，第一部分是理论篇，介绍关于"如何学习"的、以严谨研究为依据的科学理论；第二部分是实操招式篇，介绍如何运用理论"内功"，进行一招一式具体实操的方法；第三部分是学习品质篇，讲的是怎样将这些实操方法真正用起来，从而达到知行合一，包括学习动力、习惯养成、自主学习、时间管理、情绪管理和人际关系等内容。

本书适合广大学生、学生家长及老师阅读。

专家推荐

和渊老师本人就是一位学习高手。作为一位资深教师和生物学博士，她结合自身丰富的教学经验和大量的前沿脑神经科学研究成果，研究出一套高效且实用的学习锦囊。看完这本书，你不仅能洞察学习的底层逻辑，还能掌握一招一式的武林秘籍，也能成为顶尖的学习高手。

罗振宇　得到 App 创始人

和渊老师把在学校教书育人中遇到的真实困惑，作为一项课题进行了认真研究和深入思考，在校本课程中不断实践和打磨，并将心得进行总结，终于成书！希望这一套科学、高效的学习方法不仅能在人大附中应用，更能使全国各地的学生受益！

刘小惠　中国人民大学附属中学校长

作为一个科普工作者，我希望把这本书推荐给所有的学生、学生的家长、老师和其他教育工作者。不论你是想提升学习成绩，还是培养好的学习习惯，抑或是成为一名终身学习者，本书都非常值得一读。

李永乐　中国人民大学附属中学金牌物理教师

掌握一套有效的学习方法会让青少年终身受益。本书不仅有高大上的学习理论构建，还有对于高效学习方法一招一式的拆解，比如，怎么听讲、怎么复习、怎么记笔记、怎么考试……非常具体和翔实，是一本"看了就能用，用了就有效"的实用锦囊。让孩子学会学习，先从培养良好的学习习惯开始！

Evan　少年商学院联合创始人

一口气读完和渊的这本书，酣畅淋漓，获得感很强！我在做教育的过程中，发现太多的孩子在学习中遇到的问题，其实是学习方法的问题。但是学生自己很难洞察自身的问题。本书的作者在做学生的时候就非常优秀，做老师的时候也一样突出，她以过来人的身份、以做博士论文研究的精神完成了本书。本书道器并重，渔鱼同授，不仅适合中小学生阅读，也适合与他们的父母共读。希望有更多的家庭能读到这本书，让更多的孩子成为学习高手，开启幸福的人生。

王学辉　水木清华校友基金执行董事

看了这本书，学生终将知道，原来"如何学习"也是一门学问！我希望我的学生能够早点看到这本书，能够结合自己的学习体会融会贯通，这样就会在学习上少走弯路，泛在学习，快乐学习，高效学习，成为幸福的终身学习者。

张万琼　新英才学校校长

阅读本书将会是一个非常愉快的体验，它解决了我作为家长在指导孩子学习方面的困惑，也让孩子找出了一条有法可依、有据可考的"学习捷径"。我把本书推荐给所有的家长和孩子，希望大家能在学习的道路上学得更加轻松！

孙雪梅

女童保护发起人、北京众一公益基金会理事长、凤凰网副总编辑

学习科学的理论在学术圈内已经是很成熟的了，但是，理论化为实践还有很长的一段路要走。我很欣喜地看到这本书，它将前沿的科学理论进行落地，将课程的实践经验进行输出。希望这本书能让更多的孩子受惠，让学生在学习上更加得心应手。

闫创业

清华大学博士生导师、清华北大联合中心特聘研究员

序言

　　和渊老师是我的同事，也是我在清华的师妹。

　　认识她很多年了。她在清华大学读博期间，曾跟随施一公老师、颜宁老师学习，攻克科研难题。毕业后，她来到人大附中，我们成了同事。她在工作的过程中，发现了学生学习中的一些问题，经常和我探讨，比如，很多学生学习方法不当，导致成绩不理想。那什么才是正确的学习方法？很多学生没有学习的动力，如何激发他们的好奇心？很多学生没有良好的学习习惯，这些应该怎么培养？

我虽然对这些问题有一些自己的答案，但是，我个人认为不普适。没有想到，和渊老师把这些问题作为教学之外的一个研究课题，买了大量的书，读了大量的科学文献，以做博士论文的姿态，系统性地研究了它们。这说明和渊老师本身就是一个顶尖的学习高手，也是一名优秀的终身学习者。

我很开心自己能作为第一批读者阅读这本书。在阅读的过程中，这本书也解决了很多我长期以来的困惑，让我意识到想要学习成绩好其实也是一门"科学的学问"。这本书从"学习方法的底层逻辑"出发，先介绍了学习金字塔理论、一万小时定律、刻意练习、成长型思维等理论依据，接着介绍了具体的学习方法，包括输出、重复、间隔、考试、连接、运动和睡眠。为了落实这些方法，书中还涉及了如何培养学习动力，如何进行自主学习，如何做好预习、复习工作，如何做好时间管理和情绪管理，如何处理好人际关系等方面的话题。

这本书的特色在于：

1. **解决了"为什么"的问题**：本书第一部分有大量的脑与神经科学、心理学等科学研究的结果作为证据支持，不是个人经验的概括总结，也不是民间科学家的泛泛之词，**在认知上给人冲击**；

2. **解决了"是什么"的问题**：本书第二部分脱胎于作者在上课的过程中不断与学生打磨所形成的教学经验和成果，把学习理论输出成具体的学习方法，**在应用上更贴近学生**；

3. **解决了"怎么办"的问题**：知道了正确的学习方法是什么以后，还需要做到"知行合一"，即"知道还要做到"，所以本书的第三部分从学习习惯入手教给学生落地的方案，**在实践上更具有可操作性**。

作为一名科普工作者，我希望把这本书推荐给所有的学生、学生的家长、老师和其他教育工作者。不论你是想提升学习成绩，还是培养好的学习习惯，抑或是成为一名终身学习者，都非常值得一读。

李永乐

自 序

　　我并不是一个聪明人，但成绩和运气都不错，有幸在清华大学获得了博士学位，毕业之后选择去北京一个不错的中学教书，希望能将自己平生所学贡献给基础教育事业，冀以尘雾之微补益山海，萤烛末光增辉日月。

　　然而，教书后最令我困惑的事情是，学生每天花了大量的时间来学习，可是很多学生却收效甚微。为了让学生学会学习，我做了很多事情，整个思想历程和对学生的指导大致经历了三个阶段。

　　第一阶段：看山是山，看水是水。我一开始觉得，学习方法不就是所谓的怎么预习、怎么听课、怎么复习之类的，没什么难的，找一些有经验的人来给学生分享，让学生听就可以了，而这通常也是老师们的常见做法。我请了很多清华的"学霸"师弟、师妹和已经在社会上取得不错成就的成功者来分享学习经验。可是，我发现诸如此类的分享效果并不好。每个学习高手的方法都各有不同，有的人是基于对自己的了解摸索出适合自己的学习方法；有的人干脆就没有专门研究过学习方法，而是凭借自己的"感觉"一路学习下来的……所以，这种个体的"经验之谈"不具备普遍的适用性，每个学习高手的成功经验很难迁移和复制。那怎么办呢？

第二阶段：看山不是山，看水不是水。既然个体的经验很难复制，那有没有一些行之有效的规律和方法供学习者使用呢？带着强烈的好奇心，拿出做博士论文的研究精神，我把市场上关于学习方法的书籍、课程都买来学习了一遍，还研读了很多新近发表的英文论文，并且访谈了一些专家，发现原来关于学习科学的理论已经有很多成熟的研究，却大部分停留在学术圈内，少为人知，更何谈应用。关于学习这件事情，涉及的学科包括教育学、心理学、脑科学和认知科学、社会学、生物学、运动学等。这些学科的诸多实验告诉我们，高效学习是有一套科学的方法论的，掌握这套方法论，学习就会向前迈进一大步。

第三阶段：看山还是山，看水还是水。懂得了理论，让我兴奋不已，可冷静下来，又一个问题冒出脑海：即使学生知道了这些理论，他们是否能应用在自己的日常学习中呢？即使掌握了内功心法，但不懂修炼之道，那仍旧是纸上谈兵。事实上，近年来，市场上关于学习方法的书也汗牛充栋，要么是一些老师和学霸的所谓"武林秘籍"分享，要么是纯粹介绍科学实验的理论著作，很少有能把学习科学的理论与中学生的学习实践结合在一起的"实操锦囊"。我希望有一本书，不仅能够帮助学生洞察学习的底层逻辑、击穿学习的本质，而且能真正钻研和拆解一招一式的动作，让"高大上"的理论能落地，成为具体问题的操作建议和行动指令，成为让学生看了就能用、用了就有效的锦囊。

于是，我便萌生了写这本书的念头。写作这本书的过程着实不易，要在繁杂的日常琐碎中查阅书籍文献，宁心静气，融入自己的思考和实践的经验，前后花了将近两年的时间。特别感谢家人给我的支持，感谢少年商学院的 Erica 在繁忙的工作中帮我改稿，感谢人民邮电出版社的魏老师、徐老师的修改和审校，感谢我的同事孙京菊老师和学生陈程、杨念慧作为内部审读人提出的诸多好的意见和建议。希望本书能让你受益。也许，多年之后，对你来说，理论和心法可能已经全然忘却，但是一招一式精进修炼的惯性却保留了下来，直至终生，让你一辈子都是一位高效的学习者——这也是这个时代对人才的要求吧。若能如此，我也无憾、无愧于读者。祝你在学习的道路上一路高歌猛进，成绩更上一层楼，期待能与你一路前行。

和渊

（备注：本书为全国教育科学规划教育部青年课题"普通高中生命教育'大健康'课程群的构建研究（EHA200423）"的研究成果。）

怎样学习才会更高效?

你是不是在学习中经常碰到各种各样的问题,比如:

为什么学习好的学生通常不是最用功的学生?

为什么上课认真听讲了,却还是不会做题?

为什么我做了那么多练习题,成绩就是提不上去?

为什么总是背了忘、忘了背,是不是我不适合学习?

为什么我觉得学会了,但考试还是什么都不会?

我在中国某所顶级中学教书已经很多年了,上面这些问题,我的学生也经常问我。我们学校每年有100多位学生能够考上清华大学、北京大学,而上面这些问题却也都是学生最喜欢问的。我不禁感慨,我们每天都在学习,耗费了大量的时间在学习上,可还是不得要领,摸不透"学习"这件事,"学习"可真是我们最熟悉的陌生人!

那怎么才能学得更好呢？很多父母、同学、老师都会给你支招，说你可能时间投入不够、说你不够刻苦，你看隔壁邻居家的孩子每天学到凌晨1点才睡觉。恐怕很多人认为，刻苦就是唯一的学习方法，很多人都是通过所谓的"刻苦努力、死记硬背"掌握了很多知识和技能，取得了不错的成绩。

可事实真的是这样吗？我不是反对勤奋刻苦，可是为什么就算很多人都勤奋刻苦，花大量的时间来学习，但有的人成绩不错，有的人就始终不够好呢？到底是什么原因呢？

我给大家一个可能的解释：因为人类从生理层面并没有完全适应现代建制化学校的要求。在现在的教育模式下，人类无法快速掌握大量的知识并在短时间内取得好的成绩，这是非常正常的现象。

要知道，学校教育是近现代才成熟的教育模式。工业革命催生的建制化的学校教育制度其实是为了培养成熟的产业工人而设立的。可是，我们人类已经存在了至少上百万年，在这漫长的进化过程中，我们以各种各样的方式来学习和认知这个世界，比如：我们在野外打猎学习获取食物，我们通过模仿母亲的行为来学习各种生活技能。这说明什么呢？那就是：人类本能的学习方式，还保留着许多原始的习惯，没有赶上工业革命、信息革命的步伐，还不能完全适应现代学校学习的需要。

正因为如此，我们才需要问：有没有科学、正确、高效的学习方法，能够帮助我们优化一些原始的学习习惯，从而更从容地应对我们平时的学习呢？有的。现代认知科学家、教育家、心理学家、神经科学家等在这个"如何学习"领域做了大量的探索和实验，形成了一系列科学、高效的学习科学的原理和实用的方法，可以供我们学习。但遗憾的是，这些理论和方法很多停留在学术圈而不为大众所知，所以，**我非常希望能把这些高效的学习方法介绍给你，让你能够找到一条更高效的学习之路。**

我给大家举几个例子。

我们在学习中经常陷入两个误区，这在学习科学中被称为"元认知偏差"：一是不知道自己学习中的薄弱之处，不知道自己要在哪里花更多的精力才能提高自己的成绩和能力；二是喜欢使用那些让自己看起来非常努力但是非常低效的学习方法，我称之为"伪学习"，比如拼命地记笔记、拼命地在课本上画线、拼命地用荧光笔画出重点，等等。那可以通过什么方法改变这种低效的学习方法呢？

比如，有一个方法叫"输出"。我有一个学生，历史成绩不好，怎么都提高不上去，我就建议她每天回去给家长当老师，把自己学到的内容讲给父母听。坚持了一个学期后，她的历史成绩从 79 分一下提高到 92 分，从此一直名列前茅。为什么会这样？就是因为她正确地运用了"学习金字塔"理论中的"输出"方法，让自己学习的效率和成绩都提升了很多。

比如，检索和考试。检索和考试的过程会给我们的大脑带来痛苦，因此我们要经历很多艰难的思考过程。但是，因为有了挑战，你才能知道自己哪里不会，才能更好地理解一个概念，学习的效率才能更高。

比如，拆分和分块。在期末复习备考英语的时候，最好的方法是把学习时间划分成几个小块，例如今天复习一小时、明天复习一小时，考试的头天晚上再复习一个小时，而不是一口气连续复习三个小时。这样做的效果能有多好呢？划分时间的学习效果是不划分的近两倍，而且背过的单词会记得更持久。

比如，学会偶尔不集中注意力。你正在解答一道难题，可是思路却被卡住了，这个时候分散一下注意力，让大脑休息一下，去跑个步或者听个音乐，是有可能帮助你解开难题的好办法。换句话说，"学会偶尔不集中注意力"就是在该分心的时候分分心，这并非坏事。千万不要以为我在跟你开玩笑——这可不是什么民间偏方，而是以严谨的研究作为依据的科学方法。

比如，睡觉。睡觉的时候你的大脑其实并没有休息，而是在后台对学习过的内容做整合，就像小精灵一样不断让你的神经元之间发生各种神秘的连接。你一觉醒来，可能会发现前一天没想明白的问题居然懂了。所以，千万不要靠牺牲睡眠时间来学习，因为睡觉会让你更好地消化学到的知识。

怎么样，学习是不是也可以很有趣？

除了提升学习效率，我还想帮助大家提升学习的品质。什么是学习的品质？用结果来看，就是你是否喜欢学习，是否有成就感，是否获得了意义。我们经常听到一句话："懂得了很多道理，但就是过不好这一生。"这就是说，很多同学虽然知道怎么做，但由于各种原因，就是没法做到，或者只能做一段时间，不能坚持下去。我在教学过程中发现，大多数学习效率低的同学经常会问："我为什么要学习""我找不到学习的动力怎么办""我不喜欢学习怎么办""我制订了学习计划，可是我坚持不下去怎么办""我学习压力太大，晚上经常失眠怎么办""我和同桌闹别扭了，弄得我一节课都没有听进去怎么办""我觉得自己有拖延症，可是改不了怎么办"……你是否也有类似的问题呢？不用担心，在本书中，我也会详细讲解改善学习品质的方法，包括如何激发学习动力、如何有效分配时间、如何控制好情绪等，让你在学得更高效的同时，也学得更快乐。

因此，本书的内容分为三部分：第一部分，是关于学习科学的理论知识，这部分主要是帮助你搭建关于"学习"的底层认知，知道学习这件事到底是如何发生的；第二部分，是具体实操的方法，包括输出、间隔、拆分、交替、重复、测验、连接等，这些方法不是感性认知的民间方法，而是以严谨的研究作为依据的科学方法，有的很颠覆我们的认知，有的很反常识，但是都很有用；第三部分是学习品质，要解决的问题是如何将这些实操方法落地，包括学习动力、习惯养成、自主学习、时间管理、情绪管理和人际关系等内容，也就是说，这一部分重点讲落实的问题，教你如何坚持运用上述方法，不能"三天打鱼，两天晒网"，不能"懂得了很多道理，却仍旧过不好这一生"。

　　本书的内容框架，其实可以用一个小公式来总结：

好的成绩=高效的学习方法×良好的学习品质

好的成绩 = 高效的学习方法 × 良好的学习品质

看完这本书，你会真正理解学习的本质，掌握提升学习能力的正确姿势；你会知道，原来"学习好"是一门科学的学问，"学习好"是有套路和技巧的，只要运用了这些方法和工具，就能轻松应对各种学习问题，起到立竿见影的效果。要想学得好，必须先从掌握正确且高效的学习方法入手。正确的学习方法能明显提升学习效率，从而带来更多正向反馈，使得我们逐渐增加学习的信心，激发学习的兴趣和动力，并且在强大的内驱力的作用下，学得有趣、学得高效、学得有意义。这不仅让你在从小学到高中的学习和考试阶段受用，而且让你在未来的人生道路上的各个阶段都会受益。希望读完这本书，你能够在道、法、术的各个层面上都有所收获，既懂得了高效学习的道理，又知道如何能将这些方法进行实践、应用和传播。

现在，就让我们一起开启高效学习之路吧！

目录
CONTENTS

第 1 模块
学习方法的底层逻辑

第 **1** 模块

学习方法的底层逻辑

　　高效学习法的第一个模块是学习理论篇——构建高效学习的底层逻辑。在这个模块中，你将会学习到被动学习和主动学习的"学习金字塔"理论、不同学习者的学习风格、学习中神经元连接的生理本质、成长型思维和固定型思维的学习心智模式、学习适应力和学习的"三区理论"。作为学生，为什么我们要知道这些理论呢？因为真正的改变，一定是发生在自己意识深处的。我们只有真正认识到自己是可以改变的、大脑是可以被训练的，以及通过刻意练习和勤学苦练学习成绩是可以提高的，才能有后面学习方法和工具以及学习品质的构建和实施，因此，提升认知的过程才是最重要的。让我们从第一个模块开始，一起升级我们对学习的认知吧。

1

"学习金字塔"理论

——为什么仅仅认真听课是一种低效的学习方式呢?

先给大家讲一个我自己的小故事。五年级的时候,我所在的班级换了一个新的语文老师,新老师上的第一节语文课我就听得津津有味,觉得这个老师讲得实在是太好了。回家后我就给妈妈把这40分钟的课几乎一字不落地复述了出来,那种感觉特别棒。从那以后我就特别喜欢在放学回家后模仿语文老师的样子,在妈妈面前讲课,而我也像开了窍一样,语文成绩提升很快,写作文时也下笔如有神。直到现在我还清晰记得五年级学语文时那种酣畅淋漓的感觉。

可是,很多学生总觉得自己听课效率不高,想要达到"能完全复述整节课内容"这样高效的状态实在是太困难了。别说完整复述老师讲课的内容了,能坚持听完一整节课,就已经很"厉害"了。当了老师之后我也观察到,很多同学上课时都有好好听课,但听得最认真的、听课笔记记得最全的同学,却不一定是成绩最好的,甚至有些同学连

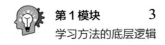

课后的作业都写不明白。

这是怎么回事呢？为什么我的感受会和很多同学的感受形成巨大的反差呢？怎么样听课才是高效的呢？

要弄明白"上课认真听讲"和"取得好的学习效果"之间的关系，咱们得先来看看美国著名视听学习专家埃德加·戴尔在20世纪50年代提出的"学习金字塔"理论（Cone of Learning）。你可以看看下面这张像金字塔一样的图。

学习金字塔

从塔尖开始，第一种学习方式——"听讲"，就是我们最熟悉、最常用的方式，也就是老师在上面说，学生在下面听，不过这种学习效率却是最低的，两周以后学习的内容只能留存5%。第二种，通过

"阅读"方式学到的内容，平均留存率为10%。第三种，"视听"方式，即用"声音、图片"的方式学习，学习内容的平均留存率可以达到20%。第四种方式是"示范"，采用这种学习方式，平均留存率可达30%。第五种方式是"讨论"，平均留存率可达50%。第六种方式是"实践"，学习内容的平均留存率可以达到75%。最后一种在金字塔基座位置的学习方式，是"教授他人"，平均留存率可达90%。

我们把大脑能记住的内容在所学的知识中所占的百分比称为知识留存率。戴尔先生认为，知识留存率在30%以下的几种传统学习方式，都属于被动学习；而知识留存率在50%以上的，才是主动学习。

当我知道了"学习金字塔"理论的时候，突然意识到了为什么仅仅好好听课的同学不一定能取得好成绩，因为听讲属于一种被动学习的方式。传统的听讲型学习方式的"知识留存率"如此之低让我感到意外和震惊。想想大多数的课堂，基本上是照本宣科、单向灌输，缺乏互动。所以，如果上课时只听老师讲课，那么就算你听得再认真，也只属于被动学习。**想要提升知识留存率，你就必须主动采取不同的学习方式。**

还记得我在本节最开始给你讲的故事吗？仔细想来，我小学五年级时语文成绩之所以能够快速提升，其实是因为，我在无意间用到了主动学习的方法。表面上看是在玩"过家家"，模仿老师讲课，但其

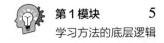
实，在我把听来的知识"教"给妈妈的过程中，我又加深了对知识的
理解。

目前，由于戴尔先生没有做足够多的实验来证实他提出的理论，
所以在专业领域对这项半个多世纪前做的研究的准确度有所保留。但
是，就如同美国肯塔基大学创新教育系副主任海蒂·安德生教授在她
的一篇论文中指出的，戴尔的"学习金字塔"理论揭示了一个重要的
学习规律，学习者通过"做"和"行动"的主动学习模式所习得并加
以内化的知识，要比通过"听""读"和"观察"这样的被动学习模
式有效得多。

不过，我之前在班上讲"学习金字塔"理论的时候，也有同学提
出了反对的意见。他说，每个人有不同的学习风格，适合每个人的学
习方式也不一样，比如他自己就害怕演讲，不喜欢在人前讲话，那么
让他在爸爸妈妈面前当小老师，反而会对他造成很大的负担，根本不
是有效的学习方式。

这位同学说的其实还真是有些理论依据。20 世纪 90 年代初，一
位名叫尼尔·弗莱明的新西兰人根据自己的观察和总结，提出了"VARK
学习风格"理论。他把学习风格分为四种类型：视觉型的学习者可能
喜欢用看图片的方式学习，听觉型的学习者可能更愿意听老师讲，读
写型的学习者爱用读书和记笔记的方法，动手实践型的学习者最爱做

实验和演示。那么，理论上，我们只需要找到适合自己的学习风格，努力发挥优势就能达到事半功倍的学习效果。

可是，事实真的是这样的吗？

2018 年 5 月《科学美国人》（*Scientific American*）杂志刊登了一篇文章，具体实验过程在本书中不给大家描述了（感兴趣的同学可以自行去网站上查这篇文章），这里只给大家看看实验结论：虽然每个人都有自己喜欢的学习方法，使用这样的学习方法能够提高学习的愉悦感，能让你学得比较顺手，但是，这并不能保证学习的效果。换句话说，**你用自己喜欢的方式来学习，或许你学得很快乐，但不一定会提高学习的效果**。这就是说，采用你自己擅长的学习方式并不一定能达到事半功倍的学习效果。

所以，针对这位同学的问题，我的建议是，他要多加练习，不断锻炼自己演讲的能力，慢慢解除自己心理上的负担，从"适合风格"的舒适区里走出来，采用更科学的学习方法，他会发现自己的成绩进步飞速。

高效的学习方法可以是这样的：当我们学习一个知识点时，在课堂上听老师讲一遍；回家自己精读课本；然后要做习题，或者再动手实践一下。比如周末的时候，我们可以根据最近学习的主题和内容，

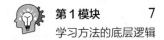

去相关的博物馆看一场展览，或者和同学做一次项目式的主题延伸学习，或者自己动手做一个相关的模型，这些都是很好的学习补充。用不同的方法来学习同一个知识点，因为刺激了你不同的感官，会让你的学习更立体，知识点掌握得更牢固。

很多同学了解了"学习金字塔"理论就认为，听讲肯定是一种低效的学习方式。如果这样认为，那就对这个理论的理解太片面了，这个理论的重点不是给学习方法进行排序，不是告诉你说上课不要听讲，也不是排斥在传统学习中阅读的方法——这个理论的本质其实是告诉我们，最高效的学习方法是主动学习，教授他人、动手实践等只是达成积极主动比较显性的方式。

事实上，听讲和阅读也可以是一种比较高效的行为，而动手操作也不一定能达到理想的效果。例如，同样是听讲，有的学生看起来心无旁骛，每个细节都听到了，但是他可能只是"听"到了，这就属于被动的学习；而有的学生却是带着问题在主动思考、积极探索，上课经常能问出很好的问题，那这就属于主动学习了。同样是上课动手操作，有的同学只是很肤浅地动手在"玩"，一节课看起来很热闹，却可能什么都没学到；而有的同学在动手操作的过程中，去深刻思考现象背后的原理、事实背后的本质，这就属于主动学习的过程。

所以，最高效的学习方法是主动学习，积极参与。**注意，这种积**

极一定是认知上的积极，而不是行为表面看起来的积极。科学家通过扫描学生的大脑皮层、观察大脑的活跃度就能知道学生是否在积极主动地学习，我们要做到的就是让自己的学习不断进入更深的脑区域，从海马体到前额叶皮质，进入的区域越深学习效果才能越好。

现在对这一节做一个简单的总结：大家了解到了"学习金字塔"理论以及"VARK学习风格"理论，并且懂得了学习要采用多维的、主动式的学习方式，才能提高知识留存率，真正提高学习的效率。请你把今天学到的这些内容分享给你的爸爸、妈妈，或者你的同学、朋友，好吗？

2
为什么好的成绩始于刻意练习?
(上)

你看过《国王的演讲》(*The King's Speech*)这部电影吗?如果没看过,我强烈推荐你看一下。这部电影非常振奋人心。我当班主任的时候经常给同学们放这部电影。故事主人公约克郡公爵(乔治六世)因患口吃,无法在公众面前发表演讲,这使得他在公众面前接连出丑。但是他通过日复一日的训练,居然可以克服口吃这样的生理和心理障碍,最后在第二次世界大战前发表了激动人心的演讲,鼓舞了战士们的士气。

你觉得,主人公能够克服口吃,最后成功地发表演讲,是因为什么呢?

先不用着急回答,我们再来看看体坛飞人刘翔。我们只看见他在赛场上的风驰电掣,一骑绝尘,可是为了赛场上这 10 多秒的辉煌,他从 7 岁开始苦练，不知跑了多少个一万小时，流了多少汗水，经历了多少挫折和失败，才换来了"阳光总在风雨后"。

刘翔和《国王的演讲》中的主人公一样，都拥有同样的品质。你想想，那是什么呢？

答案是：勤奋。不管是体育、艺术，还是演讲，你想在任何一个领域获得成功，都离不开勤奋刻苦，反复练习。

看到这里你可能觉得我讲的都是正确的"废话"。谁不知道要勤奋呢？别急，你一定要耐心看下去，我讲的勤奋刻苦一定不落俗套，因为勤奋刻苦也是有方法的，那具体是什么呢？

作家格拉德威尔在《异类：不一样的成功启示录》（*Outliers: The Story of Success*）一书中说道："**人们眼中的天才之所以卓越非凡，并非天资超人一等，而是付出了持续不断的努力。一万小时的锤炼是任何人从平凡人变成世界级大师的必要条件**。"他的研究显示，在任何领域取得成功的关键跟天分和基因的关系不大，却与练习时长密切相关，至少需要练习一万小时才有可能取得成功，这被称为一万小时定律。我们中国人常说的"十年磨一剑"，其实也是这个道理。

其实，成功的人并非都是天才，而是练习的时间足够久、练习的

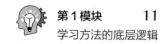
次数足够多。前段时间"95 后"快递小哥李庆恒被评定为杭州市高层次人才，还获得 100 万元住房补贴，引发了社会关注。那他凭什么能获得如此大奖呢？他能从数百件物品里，把固体胶、U 盘、打火机、人民币、乒乓球等航空禁寄物品挑出来；他能在 12 分钟内在计算机上完成 19 件物品的派送路线设计，用最短的时间、最短的路线来保证快件在派送时限内送达；他还可以快速分辨出快件上的城市邮编和航空代码——这些技能都是长时间练就出来的。

一万小时定律也是提升学习能力的正确方法。想要把一个知识点、一个技能、一个生活习惯，甚至是一种心态"长"在大脑之中，让大脑和肌肉形成机械记忆，唯一的办法就是重复，重复，再重复！MBA 的学生学习做商业决策的最好方式是让自己每周做 20 次决策；飞行员正是由于平时做了大量的模拟训练才能在危急时刻做出各种正确的处理；我们平时做大量的练习题，就是为了形成机械记忆，让你在考场上应付自如。**最枯燥的重复是通往最高深境界的唯一途径。**

一万小时定律是有认知神经科学作为理论支撑的。我们每完成一个动作需要激发很多个神经元，如果这个动作被反复做，那么这些神经元就会被反复地一起激发。而神经元如果经常被一起激发，它们最终就会连在一起！所以，**不断重复的过程其实就是让神经元建立连接的过程，长期的重复训练其实是驯服大脑的一个过程，它让大脑获得了特殊的神经结构，让我们的知识和技能不断巩固。**

有的同学说了，老师，你不是说要重复吗？你看，我把一本书倒背如流，这样重复足够多了吧？对于一个知识点做了几百道题了，这也算不断地重复吧？其实这只能叫作低水平重复！我在教学的过程中发现很多学生虽然很用功，花了大量的时间在学习上，却并不会学习，会了的知识点一直学，不会的知识点却总也不会。所以，**一万小时定律并不完全是指时间长度，更多地是要采用正确的学习方法和策略，避免低水平的重复。**那怎么做才不是低水平的重复呢？

答案是：刻意练习。

什么叫刻意练习呢？刻意练习概念是1993年瑞典心理学家K. 安德斯·埃里克森及其同事提出的，指以提高某领域的水平为目的，有计划、有针对性地进行训练。**刻意练习不是普通的练习，不是低水平的重复，刻意练习是有目的地练习。**比如，在体育训练的过程中，普通运动员更喜欢练习自己早已掌握了的动作，而顶尖运动员则更多地练习各种高难度的进阶动作。埃里克森的这个观点在学术界产生了深刻的影响，被学术界一直引用至今。

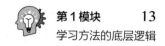
不过，埃里克森提出刻意练习这个概念的初衷是要回答学术界一个争论已久的话题：天才到底是先天的，还是后天的？是出生就已经决定了的，还是可以通过后天的有效训练培养出来的？

自19世纪中期以来，学术界对这个问题就一直争论不休。"先天论"支持者的代表人物是达尔文的表弟弗朗西斯·高尔顿，他也是优生学的奠基人，认为应当通过人为筛选留下"优质"的基因。近代也有研究表明，一个人的成功，大部分是其他因素（例如天赋、运气、环境等）决定的，努力的作用只占18%~25%。而"后天论"支持者的代表人物是美国心理学家约翰·华生，他认为人的所有行为、人格都是后天习得的，并由此开创了行为主义学派。而埃里克森也强烈支持"后天论"的观点，他在论文中写道："许多曾经被认为是可以体现内在天赋的特征，事实上都是至少有10年的高强度、有针对性练习和训练的结果。"

那"先天论"到底对不对呢？我不知道事实上对不对，但是，我知道，**我们大多数人的努力程度还配不上去讨论天赋的地步**。天才式的人物其实很少，但很多资质平凡的人也一样能取得成功，他们靠的就是坚持和努力，能力并不是成功的必要条件，实际上，能力往往是坚持的结果。米开朗琪罗说过一句特别有意思的话，他说，如果让人们知道，我为了练成绘画这个技能耗费了多大的精力，西斯廷大教堂看起来就没有那么美妙了。我们都希望自己是天才，都希望自己是那种被别人称为不努力、不使劲却学得很好的人，你可能会觉得这样比努力、勤奋更高级，可是，最终你会发现，<u>那种朴素的、看起来很笨的勤奋才是制胜的法宝。</u>

回到刚才讨论的问题，这种勤奋不能只是低水平的重复，而是要有针对性地进行训练。学习是一个非常复杂的过程。对大多数人来说，只有精神高度集中、有针对性地练习，并且练习的时间足够长，才能达到提升学习水平的效果。就像同一个班的学生成绩互有差异一样，即使每个人都由同一个老师教，但由于努力程度不同、训练的方式不同，最终能够达到的学习水平也各不相同。

在日常生活中，很多人会忽略一点，那就是努力并不是练习时间的简单累积。为了更好地阐述什么是刻意练习，埃里克森将其放在玩耍与工作这两种活动中做了对比。例如，普通爱好者打篮球纯粹是享

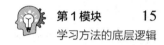
受打球的过程，即使他们打篮球的时间累计超过一万小时，也很难达到精英级水平，因为他们只是在玩耍。而对职业篮球运动员来说，打篮球是工作，这种活动存在一定的重复性劳动而且往往还存在竞争，尽管他们会刻意练习篮球技巧，但是工作的驱动力在于外部奖赏和激励，所以当他们对现状感到满意的时候，可能也就失去了进一步提升自我的动力。

所以，**刻意练习强调的是有效的练习**。那怎样才是有效的练习呢？

最重要的一点就是要找到你的"学习区"。

在认知科学领域，有一个被广泛讨论的"三区理论"，该理论的提出者是美国密歇根商学院的教授诺尔·迪奇，他是世界知名的领导力变革专家。迪奇教授把知识和技能的学习分成了一环套一环的三个圆形区域，它们分别象征着舒适区、学习区和恐慌区。

最内一层是"舒适区"，这个区域中是我们已经熟练掌握的各种技能。如果一直在这个区域里展开练习，其实就是低水平的重复。比如，很多同学看似一直在不断地做自己已经会了的题，其实不过是待在"舒适区"中，用同一个公式去套不同数字，一遍遍重复已经掌握的公式而已。这种学习方式可能会在短时间内提分，但同时也会带来严重的不良后果，会让我们误以为自己已经掌握了所有知识，没有什

成为学习高手 清华博士的高效学习秘籍

么需要加强的。所以，当我们不断地去做一些简单而类似的题目，或者抄写同一个单词时，就会感到无聊而被动。因此，就会出现这样一种怪象：很多同学看似花了很多时间勤奋学习，成绩和能力却不见提高。

最外一层是"恐慌区"，这个区域中是我们暂时无法学会的知识和技能，也就是超出我们能力或理解力范围的知识和技能。举个我亲身经历的例子，小时候我数学学得一般，但也不是很差，而且各科成绩在年级中名列前茅。老师就让我们这些所谓的好学生去学习奥数，做的题目非常难，老师布置的 10 个题目我经常有 6 个做不出，做出了的 4 个中还会有 2 个做错。于是，我就产生了非常严重的挫败感，觉得自己好笨，觉得自己花再多的力气也学不好，成绩也提升不了。这其实就是把自己推入了恐慌区，如果这样长久下去，不仅容易导致厌学、自暴自弃，形成一种固定型的思维模式，而且会影响自己健全人格的养成。幸亏当时我及时退出，要不然可能还趴在奥数里出不来呢。

在"舒适区"和"恐慌区"中间则是"学习区"，这个区域中是最适合我们现在学习的知识和技能。比如，我们读一本书，但这本书的内容与我们原有的认知不符，而我们思考之后仍然能够理解、接受，那么这本书的内容就在我们的"学习区"之内。只有我们身处"学习区"，并且开展有"针对性"的练习，这样的学习才是真正高效的学习。持续进步的关键就是在"学习区"进行学习。

不过，刻意练习并不是一个好玩的过程。一是因为刻意练习要求重复训练，而大家并不喜欢机械的重复，就像我们看小说、电影、电视剧的时候最不喜欢剧情重复一样。二是因为刻意练习时你需要不断挑战自己，你经常会犯错误和遭遇挫折，但还是要不停地重复这个痛苦的过程，直到真正学会为止。这是一个艰难的过程，也是一个获得的过程。

同学们可能会说，不对啊，美国不就是施行快乐教育吗？这不是和刻意练习相悖吗？其实，快乐教育只在美国的公立学校施行，而公立学校一般来说是面向普通家庭的学校，是政府为了降低教育投入采用的一种办法。而精英阶层不是这样的，他们的孩子学习也非常辛苦。有一个获普利策新闻奖的记者在美国惠特尼高中（美国加州排名第一）"卧底"，写了一本书，叫作《美国最好的中学是怎样的》（*School of Dreams: Making the Grade at a Top American High School*）。书中提到高中学生的日常是：**4 小时睡眠，4 杯拿铁咖啡，4.0 的 GPA 成绩（4.0 的 GPA 成绩是最好的成绩）**。你看，比我们很多升学率超高的中学还要狠吧！

我曾因为学校之间的访问交流去过美国波士顿一个非常著名的私立学校，并且在当地一个学生的家中住了一段时间，每天还和他一起去上课。当时这个孩子在上高二，我发现他的生活节奏非常紧张。他

成为学习高手 清华博士的高效学习秘籍

每天早上 6 点起床，锻炼身体，吃完早饭后开车去学校，然后就开始上课，上完一门课就去另外的教室上下一门课，下午 4 点多放学后，有社团活动、社会服务工作等，差不多晚上 7 点到家，然后开始写作业，他们有大量的阅读和写作作业，通常要熬夜到晚上十一二点才能完成。由此可见，他们的学习任务也是非常重的。

学习本质上就是一件非常艰苦的事情，只有付出了努力和汗水，有过挣扎和斗争，你才能真正掌握知识。我们虽然说学习是有捷径可循的，但这条捷径是指正确的学习方法，而不是说学习是一件轻松的事情。

讲到这里，同学们肯定会问了，我们怎么才能让自己处于"学习区"呢？刻意练习有什么方法呢？第一个问题下一节会详细讲解，第二个问题，刻意练习的具体方法我们会在第 2 模块中讲解，包括：输出、间隔、考试和测验等。

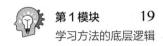

③

为什么好的成绩始于刻意练习？
（下）

　　上一节最后留了一个问题：我们学习时应处于"学习区"，而不是"恐慌区"和"舒适区"。那怎么才能让自己始终保持在"学习区"呢？

　　先给大家介绍一项研究结果。

　　2018 年，美国亚利桑那大学、布朗大学、加利福尼亚大学洛杉矶分校和普林斯顿大学的罗伯特·C. 威尔逊及其他三位研究人员发表了一篇论文，叫作《高效学习的 85% 规则》（*The 85% Rule for Optimal Learning*）。研究发现，当人开始学习一种新的知识或技能时，如果其中有 85% 的内容是他已经熟悉和掌握的，就能进入"学习区"，达到最佳的学习状态。也就是说，**当我们的学习内容中只有 15% 是全新未知的，这时的学习才是最有效的**。如果不熟悉的内容大于 15%，那我们就会觉得太难而放弃；如果不熟悉的内容小于15%，又会让人觉得无聊和没趣，也很难坚持学下去。

这也符合维果茨基的"最近发展区"理论。维果茨基认为，孩子发展有两个水平：一是现有发展区，即独立解决问题时能够达到的发展水平；二是潜在发展区，即在成年人的帮助下能够达到的发展水平。最近发展区就是介于两个之间的范围。

我们要给孩子一些具有挑战性的素材，只要这些问题没有超出孩子最近发展区的上限，就能帮助儿童实现认知的发展。

研究人员以艺术作品的创作规律为例解释了上面这个结论。比如，怎样的电影才是一部好看的电影呢？就是观众意料之外的内容在15%左右，如果超出了这个比例，观众就会觉得看不懂；低于这个比例，观众就会没耐心看下去。同理，为什么大家都爱玩游戏呢？因为游戏公司早已熟知了这个理论，他们把游戏的难度比[①]设置在15%左右，这样玩家既不会觉得无聊，也不会觉得太难，正好可以激发玩家玩游戏的热情。

---

① 游戏的难度比就是指游戏玩家在玩游戏的时候，上手的难易程度、操作熟练度等。游戏之所以让人沉浸，是因为85%的内容和操作基本上是玩家熟悉的，但有15%的内容总是新奇的。

我们可以把电影和游戏中的 15% 理论应用到学习上，下面我给大家列举 3 个使用场景。

（1）背单词的时候，在选取的单词中 85% 是旧的单词，15% 是新的单词，这样背起来就非常轻松，因为只有 15% 是你不熟悉的。

（2）做数学题的时候，由于数学的每一个新知识都是建立在旧知识的基础之上的，都是由旧知识派生出来的。所以，我们应该在新旧知识点上寻找问题、发现问题、提出问题，这样不仅对知识的来龙去脉有比较清醒的认识和理解，而且能学习得更快。

（3）阅读的时候，书中有 85% 的内容让你有亲切感，另外有15% 是你不知道的，但是你读来却能增智。比如我，一个生物学博士，想要了解国家经济的发展状况，一开始读专业的论文是完全看不懂的，但是拿曼昆的《经济学原理》（*Principles of Economics*）这种针对经济学初学者的书来看就会比较容易上手。

所以，**在学习中，熟悉很重要，它让我们巩固了以前所学的知识；意外也很重要，15%这样的数值量化了我们的学习内容和学习进度，为我们提供了可落地、可实施的操作方式。** 如果我们把自己引入适合的能力范围，每次练习85%的旧内容、学习15%的新内容，这样我们的勤奋和努力就会呈现出最佳的效果，我们的学习将会取得飞快的进步！

怎么来控制 15% 的学习意外率呢？同学们说，这个 15% 我自己很难调节。事实上，这项工作在很多情况下你的老师已经帮你完成了。在日常的教学中，很多有经验的老师就是这么做的。在准备第二天的课中，老师们会非常精心地备课，要琢磨哪些是学生已经知道的，哪些是通过设置问题可以一步一步引导学生回答出来的，哪些是学生完全不知道的，每一节课引出的全新的知识点其实并不多，大概就占15%，这样就保证了学习的效果和速度。

那有没有办法在学习的过程中自己去调节这个比率呢？有的，我的建议是写笔记。在你自己学完一些新的知识后，合上书，在笔记本上写出刚才学习过的关键词，数数这些关键词中哪些是熟悉的、哪些是陌生的，如果陌生的关键词占所有关键词的 15% 左右，那就说明大致是合适的。不过，千万不要一概而论，也不要刻意为之，不同的人对新鲜事物的接受程度和学习速度其实是不一样的，你可以根据自己的实际情况去进行调整，记住，**如果以结果为导向的话，我们调整 15% 学习意外率的目的是让我们一直保持好奇心，从不断的正反馈中获得一种对学习自主可控的感觉。**

不过，每次讲到这里，就会有同学举例说，老师应该把每次考

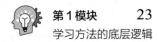
试的难度系数①设置在85%左右。如果某位同学考了100分，那说明这次考试对他来说太简单了，这位同学应该挑战更高难度的知识。相反，如果分数太低，那么就应该去学更简单的知识。请你想一想，这样的做法真的能帮助同学们检验学习效果，找到属于自己的"学习区"吗？

其实这是不对的。15%这个比率指的是学习的内容中包含15%你没有学过的内容，而不是指考试中可以错15%的题。换句话说，这个研究不是说我们对于知识掌握85%就行了，而是强调让我们去关注15%的事先不会的知识。把学习内容的"不熟悉程度"调整到15%左右时，我们会感到学习内容既不太难又不太容易，恰好是适合自己能力的区域。在这个范围内，我们会有一种学习起来得心应手的"爽"的感觉，科学家把这种感觉称为"心流"（Mental Flow）。

心流这个词最早是米哈里·契克森米哈赖的一本书《心流：最优体验心理学》（*Flow: The Psychology of Optimal Experience*）中提出来的。心流这个词用来描述我们全身心投入一项活动时，时间仿佛都消失了，同时会有高度的兴奋及充实感。在心流状态的时候，大脑会产

---

① 考试的难度系数是指做出正确答案的比例。这个统计量称为试题的难度或容易度。难度系数一般用字母 p 表示，p 越大表示试题越简单，p 越小表示试题越难。

生特殊的 α 和 β 脑电波，让你专注于你现在做的事情。

心流就像一个从左向右上扬的管道，一旦我们在学习过程中体验到了心流状态，内心就会产生高度的兴奋感和充实感，这时学习再苦再难都不在话下。 正如那些各行各业的专业精英们，那些"别人家的孩子"，在旁人眼里他们坚持不懈地工作和学习是一件非常艰苦的事情，可是他们自己却感到快乐无比，这就是心流在起作用。

米哈里说，要想在工作中达到心流状态，那么这项工作的挑战和你的技能必须形成平衡，他还专门用一张图说明这个道理。如果挑战高于你的技能，那么你将处于焦虑的状态；如果挑战低于你的技能，那么你将会觉得无聊。所以，**15% 的意外率就是我们进入心流状态的最佳比例。**

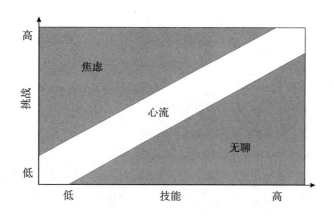

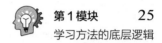
除了设置学习内容的意外率为 15% 之外，老师还有两种方法能帮助你快速进入心流状态。

第一，要清空大脑，每次只专注做一件事情。如果脑子里杂念太多，就会影响效率，造成精力和心智的损耗，所以要先清空大脑，把与当前任务无关的事情统统清除掉。正念冥想有助于我们清空大脑。

第二，设立明确目标，并将目标拆分。比如，告诉自己，不写完作业就不可以用手机，然后把作业分为语文、数学、英语各个科目，分别设置 40 分钟到 1 小时的时间，完成后可以稍微休息一下。

学习好的同学的学习方法都是相似的，学习不好的同学各有各的学习方法。一万小时定律并不完全是指时间长度，还需要刻意练习。练习的精髓就是持续做自己做不好的事情，成功都是奋斗出来的。15%的意外率是进入心流状态的关键，这样进步才是最快的。大家记住一个公式：

成功＝刻意练习 × 一万小时定律

④

为什么说人类天生就是学习的机器？

　　你在平时学习的过程中有没有发现，同样都是在看书，有的同学一字一句读完后什么也没记住，可有的同学看了一遍却能把整本书的知识脉络清晰地说出来。为什么会有这么大的差异呢？在做阅读、朗读、听课、做题等动作时，我们大脑中"学习"的过程到底是怎样发生的呢？如果你能弄清楚这个问题，就能从根本上知道怎样找到问题，并提高学习的效率了。

　　作为一名生物老师，今天这一节，我想从生物学的角度分析一下，到底什么是学习，学习的本质是什么。

　　你听说过"巴甫洛夫的狗"这样一个著名的实验吗？我在生物课上经常给学生讲这个故事。

　　坐标：俄国的圣彼得堡；时间：19 世纪和 20 世纪之交；人物：一位留着俄罗斯传统大胡子的中年男人——巴甫洛夫。你可能早就听过这个名字，也知道他在狗身上做的研究。但是你可能不知道，是一次意外，引发了生物学历史上这场"学习的革命"。

这是怎么回事呢？

在 19 世纪 90 年代，巴甫洛夫在圣彼得堡建立了实验室，研究动物消化系统的功能是怎么被各种各样的食物影响的。为了监测消化系统的状态，巴甫洛夫发明了一种非常巧妙的办法。他在狗的唾液分泌腺上接了一根管子。这样，狗的唾液通过管子流到外面，巴甫洛夫就可以实时观察狗什么时候分泌唾液，分泌了多少唾液，以此来判断消化系统的情况。

然后，巴甫洛夫就给狗各种各样的环境刺激，比如：不同的食物、不同的时间、不同的容器等。通过这个方法，来研究环境刺激和唾液分泌之间的关系。当饲养员把装满狗粮的盆子端给狗的时候，狗就会开始大量分泌唾液。但是实验持续一段时间后，巴甫洛夫就发现了一件很奇怪的事。只要饲养员端着盆子打开实验室的门，狗就已经开始大量分泌唾液了。请注意，这个时候狗还没看到饲养员，也没看到食物盆子，就连狗粮的味道也还没闻到呢。

这就奇怪了，到底是什么让狗开始分泌唾液呢？巴甫洛夫开始改变实验方向，研究这个问题，最后他惊讶地发现，是开门的声音导致的。

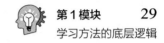
就算找个毫不相关的陌生人，即使不端狗粮，仅仅来开下门，这个开门的声音也足够让狗流口水了。

这说明什么呢？这说明，狗懂得把开门的声音、饲养员出现和狗粮出现这几种事物联系在一起。也就意味着，狗会学习。

数十年后，美国心理学家博尔赫斯·弗雷德里克·斯金纳对巴甫洛夫的理论，做出了重大的补充。斯金纳最著名的科学成就，是他发明的一个实验装置，这个实验装置被人们叫作斯金纳箱。

斯金纳在这个箱子中放一只鸽子。箱子中有一个隐藏的机关，如果被鸽子碰到，箱子里就会掉出食物来供鸽子吃。斯金纳发现，鸽子一般需要过很久，才会在无意之间碰到这个机关，获得食物——这倒是没什么奇怪的。但是在此之后，鸽子碰机关获得食物的频率就会越来越高。这就说明，鸽子意识到了踩机关和获得食物之间的联系，开始有意识地去踩这个机关了。

实验的故事我们先说到这里。现在请你思考一下：巴甫洛夫的实验和斯金纳的实验，有什么相同的地方？

答案是：两个实验中的动物，都发生了学习行为。比如巴甫洛夫的狗在开门声和食物出现这两种事物之间建立了联系；斯金纳的

鸽子把踩机关这个动作和食物出现联系在一起。所以，无论是巴甫洛夫的狗，还是斯金纳的鸽子，都能在积累一定的经验后，找到环境中的外部因素与食物之间的联系。

因此，**通过观察找到事物间的联系，本质上就是一种学习行为。** 所以我们说，**学习是一种生物本能，学习的本质其实就是建立连接。** 我们可以不夸张地说：**人类天生就是学习的机器。** 注意，这里的学习不是指被动学习，而是指由好奇心驱动的主动学习。

学习的本质就是建立事物之间的联系

给大家讲个我女儿学数学的例子。她5岁半的时候，刚开始学十以内加减法，可以掰着手指头进行计算，比如，我问她，7-3等于几，她可以算出来等于4。但是当我问她，17-13等于几的时候，她就算不出来了，因为她的手指头不够用了。这个问题看起来很容易，17-13不就是

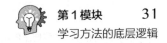
和7-3一样吗？但是对于5岁多的小孩子来说，他们是意识不到的。对他们来说，7-3算是十以内的加减法，而17-13是两位数的加减法，他们要慢慢地才能把17-13=7-3这件事弄明白，而这个弄明白的过程其实就是建立连接的过程。

刚才说的这种"建立连接"的过程是发生在我们的意识中的，是否意味着这一切都是看不见、摸不着的呢？

并非如此，意识也是有物质基础的。事实上，这种连接就发生在我们大脑内部，而且可以通过科学手段被监测。天才的西班牙神经科学家卡哈尔通过观察脑部的细胞准确地猜测出了神经系统的工作原理。人脑中有1000多亿个神经细胞，每个神经细胞都是由胞体、树突和一

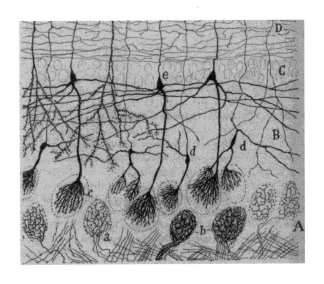

根长长的轴突组成的。神经细胞之间通过轴突末端的突触连接在一起，每一个神经细胞接受外界刺激都会产生电信号，然后这个电信号就像魔法一样迅速传遍整个大脑。

　　而且，**如果大脑中的两个神经细胞总是同时被激发，那么它们之间的连接就会变得更强。**比如负责分泌唾液的神经细胞和负责听到铃铛声音的神经细胞，原来并非连接在一起的，后来由于这两种信号总是同时出现，那么这两个神经元之间就逐渐建立了连接，使得信号传递更有效率。也就是说，一旦"铃铛细胞"被激发，那"唾液细胞"也跟着一起被激发了。所以，在学习的过程中，虽然神经细胞的数量、形状确实都没发生变化，但是神经细胞之间的连接强度发生了变化。这就再次说明，建立事物之间的连接，也就是学习这种行为不只是发生在我们的意识中，更是发生在我们身体中且能够真正被观察到的一种生物行为。

　　建立连接是学习的本质，它有助于我们学以致用、举一反三，是让我们真正把一个知识点、一件事弄明白的最有效的方式。给大家讲一个著名的实验。

　　美国一所学校的学生需要学习两个学期的微积分课程。有科学家专门对这个学校教微积分的方法做了研究。研究人员把所有的学员随机分成两个班，两个班讲课的老师不同，但是最终的评分标准和考试题目是一样的。A 班老师的讲课内容完全按照教材来，知识点有板有眼，解题操作和流程清清楚楚。学生完全知道老师在课堂上教的是什么、自己学的是什么，布置的作业也是针对上课所学的知识，因此 A 班的学生考试的时候都充满信心。B 班老师经常给学生讲一些并不在课本中出现的内容，比如他希望通过物理学的应用场景，让学生对微积分有更深入的理解，就让学生用微积分去分析曲面电场，但是这些都不能直接用在考试上。学生在课后做练习题的时候，都要自己想办法解题，因为老师没有进行有针对性的考点和题型训练。到了第一个学期末，你猜一下，成绩更好的学生是 A 班的还是 B 班的？没错，A 班学生的成绩明显比 B 班的好。

可是，到了第二学期，情况就变了。数据显示，B 班学生后续课程的成绩超越了 A 班。尤其是在利用微积分解决实际问题方面，B 班同学的表现更突出。

请你思考一下：这是为什么呢？

A 班学生虽然学习了更多考点和题型，对考试更有帮助，但对微积分本身的理解却不够透彻。而 B 班学生却真正做到了把知识和实践连接在一起，从本质上思考问题，符合第一性原理。虽然短期来看，A 班同学的成绩更好，但如果从长远来看，通过建立连接来理解知识，才是更有效的学习方式。

所以，真正的学习不能仅仅着眼于眼下拿高分，而要将某一个知识点与其他的知识点连接起来，让知识点从一个个的散点连接形成网状结构。**让每一个知识点都逐渐嵌入你的知识结构体系中，与其他的知识点融合在一起才能发生化学反应，才能解决真实问题。细功慢活出真知，在学习的道路上不要追求速成，真功夫是靠熬出来的。**

好了，这一节给大家从生物学的角度谈了学习的本质就是建立连接的过程。我们人类天生就是一台学习的机器，大脑的可塑性是非常强大的，不断训练大脑，神经元之间的连接会越来越多，你也会越学越聪明。大脑是一个非常神奇的存在，也许未来随着脑科学的进一步发展，可能会有《大脑使用说明书》或《大脑升级指南》来教我们怎么去解锁大脑的高级状态。

5

为什么需要成长型的思维模式？

在我的教学生涯中，经常遇到两类学生，他们的智力水平和能力水平相当。但是，如果考试没考好，一类学生会说，哎，题目太难了，我就这水平了，怎么努力都没用。另外一类学生会说，一次考不好没关系，认真总结经验教训，下次继续努力就好了。你会发现前一类学生一般都会原地踏步，而后一类学生的成绩总是会不断进步。

你觉得导致这两类学生成绩出现差别的最主要原因是什么呢？

大家可以一边思考上面的问题，一边听我给大家讲一个小故事。1968 年的一天，美国心理学家罗森塔尔和 L. 雅各布森到一所学校进行了一项实验。他们对所有学生进行了智商测试，然后告诉老师说某些学生的智商非常高，以后肯定会取得非凡的成绩。但事实上，这些被认为"高智商"的学生其实是随机抽样的结果，他们的智商不一定比其他学生高。但是，随后的实验结果惊人：那些被认为属于"高智商"的学生在第二年的学习成绩确实好于其他的学生。这个实验被称为"**罗**

森塔尔效应"。请你思考，这些学生为什么能够进步神速？

这些学生是相信自己能够成功，所以最终取得了成功。这些被科学家"选定"的学生，其实天赋并不比别人强，而是因为他们相信自己最终一定能取得好的成绩，只要努力用功，就肯定什么都能学会。

美国社会学家罗伯特·金·莫顿提出过一个概念，叫作"**自我实现的预言**"，意思是说，**当你听到一个预言，就算预言本身是假的，但只要你相信它是真的，这个事情最后就可能会变成真的。**就是说，人们先入为主的判断，无论其正确与否，都将或多或少地影响人们的行为，以至于这个判断最后真的成了现实。

那现在我们回到最开始提出的问题，导致这两类学生成绩差别的最主要原因是什么呢？其实，这两类学生最根本的区别就在于他们思维模式的不同。

成绩不断进步的学生相信自己能够进步。他们拥有的这种思维模式叫作**成长型思维模式，他们相信任何能力和技能，都可以通过后天努力而得到发展。他们更乐于接受挑战，并且积极提升自己的能力。**

具备成长型思维的人会更加坚韧，他们认为遇到的挑战可以帮助自己学习和成长。挑战越大也就意味着成长的空间越大。即使挑战失败了也不会轻易否定自己，而是从过程中寻找存在的问题，从而不断改进。这种心理特征被比尔·盖茨和很多国际顶尖的大企业，定为选拔人才的标准之一。

那么，为什么这么多大企业都如此看重成长型思维呢？因为，成长型思维从某种程度上来说是学习能力的决定性因素。

你应该还记得前文讲过的"刻意练习"和"神经元之间的连接"吧。我们通过刻意练习，可以让神经元之间连接起来，大脑是可塑的，能力是可以培养的。所以，拥有成长型思维意味着不怕挑战，不怕挑战就意味着大脑有更多训练的机会，能更多、更好地建立神经元之间的连接。所以，学习能力的提高，也离不开成长型思维。

篮球巨星迈克尔·乔丹就是一个典型的具有成长型思维的人。我们都觉得乔丹这样伟大的球员一定是因为天赋高，身体条件特别好，所以他才能够一帆风顺走到球神的地位。事实上，你可能不知道，他在高中的时候是被球队排除在外的。他回家非常沮丧地跟他妈妈说："球队不要我，说我的身体素质不行。"他妈妈说："那就练呗。"于是，他就开始拼命训练。乔丹每打输一场比赛，所做的第一件事就是找出不足，然后拼命就一个动作反复练习。他曾经有一段时间状态跌入低谷，随着年龄不断地增加，身体素质也在下降。很多人都觉得乔丹不行了，媒体上也有很多负面评论。但是，乔丹根本不在乎，因为他知道，他的成功靠的不是天生的身体条件，而是不断练习培养出来的技能。所以，就算在赛场上几乎找不到对手，但他从来不放弃练习。这就是一个成长型思维的人所能够表现出来的伟大之处。

再比如，埃隆·马斯克涉足的领域从在线支付，到汽车、太阳能、航天技术，甚至到外星球移民，这种敢想敢做的冒险精神也是成长型思维的典型代表。

勤奋比天赋走得更远，成长型思维才是让人不断攀登顶峰的决定性因素。我平时上课，都会鼓励学生多举手发言，不要怕丢脸。为什么？因为你在学习，因为通过老师的纠正你会进步更快。我们在年幼学习说话的时候，为什么会感觉得心应手？就是因为我们在不断地说，不断试错，说错了无数次，但是没关系，我们不断更正、不断进步，这就是学习的过程。

刚才介绍了成长型思维的特点，与之相对的叫作固定型思维。拥有固定型思维的人最本质的特征就是他们相信自己的才能是固定不变的，特别相信天赋的作用，觉得擅长的东西就是擅长，要是不擅长怎么学都没用。你平时会不会有类似的想法呢？

其实，偶尔有这样的想法也在所难免，但如果长期陷入这样的思

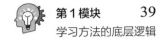
维模式，麻烦就大了。我给大家举一个典型的固定型思维的例子。

　　我的一个学生，在他小时候，周围的大人们经常夸他聪明、智商高，因为他在小学、初中的成绩一直相当优秀。但到了高中后由于课业压力大，他的成绩就没有那么拔尖了，于是他每天上课时假装趴着睡觉，作业也不写，从不交作业，希望以此给周围人传递一种信号：我学习不好，不是因为不聪明，而是因为不用功。这个孩子就是一个固定型思维的典型，他认为努力是一件丢脸的事情，特别想向别人证明自己的聪明，特别希望周围的人夸奖他天赋好，而不是努力和勤奋。那么，他为什么会觉得努力是丢脸的事情呢？就是因为，他潜意识里认为通过勤奋练习改变自己，会让他显得不太聪明，这就是没有意识到成长型思维的重要性。同学们要记住：**只有聪明人才用笨办法，那些笨人**

成长型思维
聪明人用笨方法，笨人才自作聪明

反而都在自作聪明、投机取巧。

　　像这样的例子我见过很多。拥有固定型思维的人在面对一项任务时，会认为完成任务是对他个人能力的一种测试，会害怕应对任务带来的挑战。有的学生特别害怕考试，因为他们认为考试的作用是证明他们行还是不行，所以非常担心万一考砸了别人会质疑他的能力，把考试当威胁。所以，我经常鼓励我的学生，要把考试当成一个学习的机会，并不是通过考试来证明什么，而是通过考试来提高自己，这样考试的心态会更好，考试的结果也会更好。

　　说到这里，可能有的同学会很担心自己就是那种非常害怕考试的人，那岂不是失去了进步的机会了？别担心，先不要自己吓自己。即使你现在还没有完全形成成长型思维，只要现在能够意识到这一点也是很棒的。而且，**"固定型思维"绝对不代表你能力低、不正常，而是它本身就像手机里的预装软件一样，刻在我们的基因里了，绝大多数人摆脱不了它的制约**。那如果要想改变它，应该怎么做呢？

　　这里我有三个建议。**首先是接纳**，当你发现自己身上出现了固定型思维的时候，不要着急批评自己，因为一旦批评自己，其实你就已经陷入固定型思维了。**第二是觉醒**，也就是觉察力，你能不能感受到自己此时此刻的思维模式，你能不能清楚地判断出自己的思维模式。**第三是行动**，摆脱固定型思维的最好方式就是：多学习，多练习，多

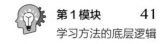
试探。相信大脑是可塑的，大脑中的思维模式就跟身体肌肉是一样的，都是可以通过训练形成的。专业的表现源于在专长领域进行的数千小时的练习。你看我们高考前为什么要做大量的练习题和模拟考试？除了训练肌肉记忆外，还有一件很重要的事情，就是在高强度的训练下塑造我们在考场上临危不惧的心理状态。

达里奥在《原则》（*Principles*）一书中有一句话，说得非常好：**"如果你现在不觉得一年前的自己是个蠢货，那说明你这一年没学到什么东西"**。希望同学们相信努力而非天赋，勇于面对挑战、不怕失败，在未来都能拥有成长型思维。

6

我应该补短板呢，还是做我擅长的呢？

给大家分享一个我遇到的真实的故事，相信你不会觉得陌生。

有一天，一个数学特别好但是英语很差的学生，忧心忡忡地来找我谈心，说他现在可以进入奥赛班，觉得自己应该把周末的时间都用在比赛培训上。但是爸爸、妈妈却担心他偏科严重，觉得应该各个科目全面发展，周末应该去上英语补习班。他向我征求意见，不知道应该怎么选择，是继续做他擅长的事情，还是想办法补齐他的短板呢？

你是否有过类似的困扰呢？其实，不仅是学生，包括我在内的成年人，也都经常被这类问题所困扰。比如我是一个生物学博士，对于生命科学比较精通，但是对于人文社科一窍不通。那我应该继续在生物学上深造呢，还是应该多读人文书籍，让自己的知识面更宽呢？那么，最终能够决定一个人成就高度的，到底是他的长处，还是他的短板呢？

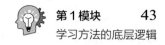
要想弄明白这个问题，可以先了解一下著名的木桶理论。

你可以想象一个这样的画面：一个盛水的木桶是由许多块木板箍成的，这些木板一样长，水放在里面可以盛满；但是如果有一块木板很短，那么里面的水还能盛满吗？答案是不能，因为盛水量是由这些木板共同决定的，或者说取决于桶壁上最短的那块木板。那么如果你想让木桶的盛水量增加，该怎么做呢？只有换掉短板，或将短板加长，才可以。

这个理论是由美国的管理学家彼得提出的。从这个理论来看，**决定成就高度的，是咱们的短板**。所以，如果用这个理论来回答刚开始的问题的话，那位忧心忡忡的同学，应当选择去上英语补习班，放弃奥赛班。你同意吗？

不过，这个问题的解法不是只有一个思路。我们可以跳出来，换个思路想想。咱们用的还是刚才那个木桶，每一块木板都长短不一。但是这一回，在装水的时候，咱们把木桶倾斜过来，让长板的那边贴近地面的方向。请你思考一下，把木桶斜过来之后，保持短板的长度不变，能不能增加木桶的盛水量呢？

答案是可以的。在水不流出来的情况下，木桶倾斜的角度越大，盛水量就越大。大家可以看下一页的图。我们可以通过增加倾斜的角度，增加盛水量。在这种情况下，决定木桶盛水量的就不再是短板，而是长板了。这就是所谓的"长板理论"，也就是说，**决定人成就高度的可能是你的长处而不是短处。**

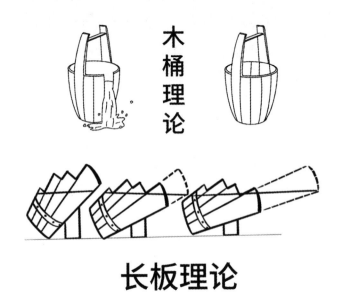

关于长板理论有一个著名的实验。

为了提高阅读速度，美国一所大学曾做了一个为期 3 年的研究。第一次测试，没有对被测试的 1000 多名读者做任何关于提升阅读速度的训练，研究人员发现，一般读者的阅读速度是每分钟 90 个字，而优秀读者的阅读速度是每分钟 350 个字。

　　第二次测试，所有的被测试读者都学习了快速阅读方法，根据我们的日常经验，应该是一般读者阅读速度的提升幅度大于优秀读者。但是，实验结果出乎意料，一般读者的阅读速度增加到了约每分钟150个字，增加到近2倍。而优秀读者的阅读速度竟然提高到了约每分钟2900个字，增加到近10倍。这个结果让研究人员完全没有想到，因为一开始绝大多数人认定，一般读者因为起点较低，应该会有更显著的进步。这个实验说明：**在有天赋的领域的投入回报率，才是最大的，所以想要取得更大的成就，应该在长板上下更多的功夫，让长板更长。**

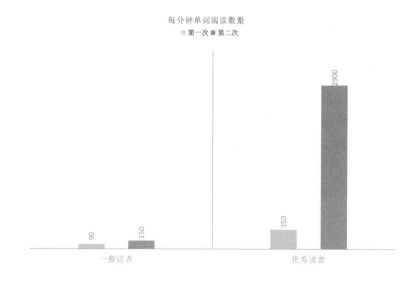

每分钟单词阅读数量
■ 第一次 ■ 第二次

　　那同学会问，木桶理论和长板理论，这两个理论看似是完全相反的。我们在日常生活中到底该用哪一个？哪一个才是正确的呢？

成为学习高手 清华博士的高效学习秘籍

其实，这两个理论并不矛盾，要具体问题具体分析。就拿开头那个学生的问题来看。

- 如果他的短板很短或者长板很长，比如英语满分100分，可他只能拿十几分，但是数学奥赛全国第一，那么我建议他去补补他的短板，因为无论他的数学多厉害，将来在国际舞台上也需要用英语和别人交流，所以，学好英语还是非常必要的；

- 如果他的长板还有提升空间，而几个月后马上就要打比赛了，那么我就建议他先把数学学好，争取能拿全省第一并进国家队，等结束以后再去补英语。

而且，我们要分析清楚出现短板的原因。根据我的教学经验来看，如果出现了特别差的短板，比如说其中一科的成绩特别差，可能不一定是你这个学科的能力不行，而是有其他原因。

比如，我有一个学生，他特别喜欢文学，也特别喜欢上语文课，一有时间就看各种书，他的语文成绩在班里一直名列前茅。可是，他的数学成绩很差，不仅经常排名倒数，而且他对于数学也丝毫不感兴趣，一看到数学题就头疼。那怎么办呢？他父母也特别头疼，给他报了很多补习班想要补上这个短板，但都没有效果。后来我就告诉他父母：他的数学成绩差，不是因为学习能力不行，所以一味补习是没有效果的，我们需要找到根本原因。于是，我和他的父母一起，与这个学生进行

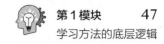
了几次深度沟通，终于找到了原因：原来，他很害怕数学老师，因为数学老师当着大家的面批评过他几次，他从此就丧失了学习数学的兴趣。解铃还需系铃人，于是，我找到数学老师，从中调和学生对老师的偏见和误会，从此以后这个学生就慢慢地又对数学感兴趣了，而且成绩也逐渐提高。所以，大家看，这个同学的短板其实不是数学这个学科，而是人际关系出了问题，我们需要找出问题的根本原因，去弥补短板，成绩才能稳步提升。

所以，当你遇到短板的时候，不要着急上补习班，找出真正的原因才是最重要的。你可以跟父母或者老师聊一聊，让更有经验的人帮助你分析。

不过，如果你真的偏科很厉害，我想给你两点建议。

第一，**千万不要跟教育体制对抗，要把每个必修课都尽量学到差不多的程度，最好不要有短板出现**。因为高考的每门学科是有满分限制的，你即使学得再好，最多也是满分，而不会像进入社会中一样，上不封顶，在生活中你的长处可以无限放大。而且，现在国家的教育制度也越来越人性化，给学生们提供了一定的选择余地。高考中，只有语文、数学和英语是必考的，如果你不喜欢物理可以选择不考物理，在这样的制度下，长板理论可能更值得重视，学生更应该努力发挥特长。

　　第二，**选定一两个方向，专注发展特长**。如果喜欢画画，那就让自己在画画这方面尽情发展。只要你能画得足够好，将来也能找到很不错，甚至是出类拔萃的工作。反过来说，**压迫出来的全面发展，长大之后反而很难出类拔萃**。三百六十行，行行出状元，我认为每个孩子都是独一无二的，都有自己独特的天才和禀赋，只要适当挖掘和培养，都能够成才。

　　而且有不足的地方可能并不一定都是坏事。我们小时候可能经常听长辈教导：某某某，你在哪个方面优点很明显，但缺点也很明显。所以，你要发扬优点，同时改正缺点。但其实，优点和缺点都是相伴相生的，一个真正的优点背后可能都会站着一个相应的缺点。比如说，姚明有身高优势，那相应的，速度可能就是弱项；梅西速度有优势，那相应的，力量可能就是弱项。你仔细观察这个世界，你会发现，这才是世界的真相，猎豹牺牲持久换取速度，乌龟牺牲速度换取持久……只有把一种优势发挥到极致，一个物种才可能有希望。所以，我们要做的不是努力地改进缺点，而是把特长发挥到极致。

　　到了大学之后，你会发现现代社会非常乐意奖励特长。生活中的长板可以很长，你可以把自己擅长的东西发挥到极致。比如物理学家霍金，他在21岁患上了肌肉萎缩症，只能依靠轮椅生活。43岁，穿气管手术又让他失去了说话能力，对大多数人来说，身体有如此的缺陷算是致命的短板了吧。但是他却凭借对物理学的理解和热爱，只用三

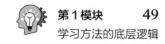

根手指写出了《时间简史》（*A Brief History of Time*），可谓是将长板发挥到极致了。

我们每个人都有天赋，每个人的天赋也不一样，要善于观察自己，发现自己的天赋，并且专注、耐心地培养。我相信，只要这样做，每一个人都能够成为了不起的人，每个人都能绽放属于自己的光，每个人都能为世界创造价值。就像电影《心灵奇旅》（*Soul*）中描述的一样：**每个人拥有的时间都是短暂而有效的，展现最闪耀、最热情、最真实的自己吧！**

在这一节中，我给大家讲了木桶理论，它告诉我们学习时要补自己的短板；还讲到了长板理论，它告诉我们学习时要注重发挥自己的特长。这两个看似矛盾的理论，其实并不矛盾。就像《了不起的盖茨比》（*The Great Gatsby*）的作者、美国小说家菲茨杰拉德说过的："**一个人能同时保有全然相反的两种观念，还能正常行事，是第一流智慧的标志。**"事物本身就是处于矛盾中的，而知道如何灵活变通便是智慧，等你长大了会更加明白这个道理。

⑦ 为什么要培养终身学习的能力？

很多孩子到了中学，特别是高中以后，课业压力越来越大，可能会抱怨学习很累，希望赶紧高考，考完就熬出头了。这个时候，很多老师会这样安慰学生：等你考上大学就轻松了。那么事实真是如此吗？上了大学后，学业真的就会变轻松吗？

下面让我们来看一组真实的数据。

当 AlphaGo 战胜李世石后，李开复说了一句话："未来 10 年，大概人类 50% 的工作会被人工智能取代。"一些技能需求相对较低的职业，比如，司机、收银员、保安、客服等都会消失。也就是说，今天学过的知识很可能明天并不能用得上。在未来短短的几年时间里，大量在今天看来很重要的工作将会被边缘化，而一些闻所未闻的工作也会快速出现。对你来讲，这种由社会进步所带来的变化既是机遇也是挑战。因此，**我们要有长远的目光，把握住与时俱进的机会，跟着时代的洪流顺流而上**；否则，非常可能会被时代所抛弃，把握不到未来的发展

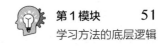
方向。

物理学有个名词叫作"半衰期"，指的是放射性元素的原子核有半数发生衰变所需要的时间。其实，<u>知识也有半衰期</u>。比如，有数据显示在现阶段，工程学知识的半衰期竟然已经缩短为 2 年、文学知识的半衰期缩短到 8 年。著名的摩尔定律认为微处理器的性能每 18 个月就会翻一倍，而现在如果你去问通信领域的专家，他们给出的答案更惊人，通信工程方面的知识现在已经没有半衰期了。简单地说，**现在不学习就会立即出局**。

说到这里，我们再来看看刚开始的那个问题：考上大学后，就可以不用学习了吗？或者学习就会变得更轻松吗？答案是：根本不可能。**知识更新的速度太快了，快到知识还没来得及被编写到教材中，就已经被淘汰了**。所以，大学里所教的知识很多都与现实应用完全脱节。如果我们还认为"考上好大学"是我们学习的终极目标，考上大学就完全放松了，那么非常有可能面临的结局就是失业。

那应该怎么办呢？我们要培养自己的终身竞争力，具备终身学习的能力。**我们人类的一生终究是奋斗的一生，永远逃不出"红皇**

后假说"①的螺旋式上升模式，这是大自然进化的规律，谁都逃脱不了。

　　也许，你会抱怨经历高考是一件很苦的事情。其实，**多年之后总有一个瞬间，你会意识到，高考是人生中最简单的事情。**那时你根本想象不到，接下来的人生，你需要独自面对多少次考试。在高考之前，人生是一条单行线，大家排着队，从一条路上通过。高考难是难，需要掌握各种知识和拐弯抹角的解题技巧。但高考是一个单纯问题，有明确的方向，有标准的正确答案，解决了就可以宣布胜利。就好像爬山比赛一样，你只要向着一个方向努力就行，而你的成败是清晰可见的。面对单纯问题，你绝对不会感到迷茫，你知道该干什么。

① 　"红皇后假说（Red Queen hypothesis）"是由美国芝加哥大学进化生物学家范瓦伦于 1973 年根据《爱丽丝镜中奇遇记》的故事提出的假说。描述了物种之间持续的演化竞争。

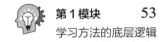
这种感觉非常励志，你只要"努力""奋斗"就行，拼搏的感觉让人热血沸腾。

而高考之后，再也不是单行线这么简单了，我们越过山谷进入平原。眼前有无数方向，以前排成一队的人，现在踏上了不同的小径。路，越来越多，与你结伴而行的人却越来越少了。你曾经痛恨学校安排的课程、老师布置的作业、枯燥乏味的课本和成堆的习题辅导书，以及那个唯一的目标——高考；你曾经幻想过高考过后，你的人生就由你来做主，但是等你自己有了掌控权的时候，你突然会有一种无所适从的感觉。你发现你要决定每天学些什么，每天做些什么，你自己的目标是什么。这时你会意识到，原来一切没有那么简单。比如，你要选择专业，是选择赚钱多、社会上非常热门的呢，还是选择自己喜欢的呢？再比如，你要选择工作，是选择留在大城市打拼呢，还是回到自己原来生活的城市幸福地过一生呢？**这才是成年人的世界，所有的问题都没有唯一正确的答案，都是两难选择，你必须做出取舍**。你可能会让自己不堪重负，找来找去都找不到平衡点，于是怀念起高中时所有的过往，想起何勇在《钟鼓楼》中所唱，**"是谁出的题这么难，到处全是正确答案"**。到底是只有唯一答案的考卷更难，还是没有标准答案的人生更难？这道题，本身就很难。

面对不断缩短的知识半衰期、风云变化的未来，我们只有不停地奔跑，才有可能不倒退。长大之后的挑战只会比现在更难，如果想长大后不至于被快速淘汰，我们要做的就是从现在起，培养自己终身学习的能力。

那么，要培养终身学习的能力，对于现在还在学校学习的你来说，到底需要做什么准备呢？

1. **关注软实力的提升**。英国著名杂志《经济学人》（*The Economist*）做过一个预测，未来社会最需要的三大核心能力是：终身学习能力、社会交往能力和好奇心。在这三种能力中，没有一种是固定不变的能力，反而全部落在人文素质的"软实力"上，也就是那些被形容为看不见、摸不着的能力。而我们知道，现行的学校教育体系是在工业革命中为了培养流水线上的产业工人创造出来的，用这种教育制度很难培养出拥有创造力和解决复杂问题的未来高端人才。你可能就会困惑了，那我们到底应该注重应试教育拼成绩呢，还是应该注重素质教育拼能力呢？其实，这两点并不矛盾。虽然我承认应试教育会扼杀好奇心，但我也没有办法，高考是在现行体制下最为公平的选拔机制了。事实上，在某种程度上，拼成绩与培养综合能力并不矛盾，综合能力可以帮助我们更有效地学习，良好的学习成绩又会提升我们的自信心和掌控感，这就形成了一个互相作用的良性循环。我发现，通常来说，学习好的学生综合素质都是很强的，应试能力也是综合素质的一种体现。

2. **保持好奇心，多读各种各样的书，多和各种厉害的人交流和沟通。**保持强烈的好奇心，这是我们不断进步的动力，它让我们更深入地阅读和更准确地提问，阅读会滋养你的灵魂，培养你形成看问题的各种不同的视角。著名的投资人查理·芒格有一个非常著名的"多元思维模型"，他在面对一项业务的时候，他会从数学、经济学、工程学、心理学和其他学科的角度一起来审视，这和他平日里的阅读习惯紧密相连，他大量阅读多种学科的书籍，从而获得了多种学科的视角，能够更加综合地做出正确的分析和判断。

3. **关注长期表现，建立自己的系统。**我们不必在乎一次的输赢成败，而更应该关注一生的原则和系统。这是什么意思？要想真正安身立命，必须建立自己的系统，而不是成为别人系统里的一个角色。我的一个学生，成绩并不是很好，但是他很喜欢唱歌，歌唱的非常好。他妈妈来开家长会时找我哭诉："我们孩子成绩这样，连二本都考不上，怎么办啊？"我和他妈妈说："您知道吗？您的孩子是音乐方面的天才，在音乐方面非常有天赋，我们没有必要非逼着一个音乐天才在数理化方面也特别好，对不对？只要他在音乐方面发挥自己的特长，将来在这个细分领域也能成为专家。"我们每个人就像不同的植物，都有自己的生长周期，不同人开花结果的时间都不同，我们需要的是关注长期表现。只要你是一个不断奋进、不断超越的人，不放弃、不抛弃，总有一个时刻，全宇宙会联合起来把好运气送给你。

所以，我们不仅要眼前的苟且，也要诗和远方；我们不仅要关注眼前的学习成绩，更要培养自己终身学习的能力，保持强烈的好奇心，多读书，关注长期表现，建立属于自己的系统，迎接未来的挑战。

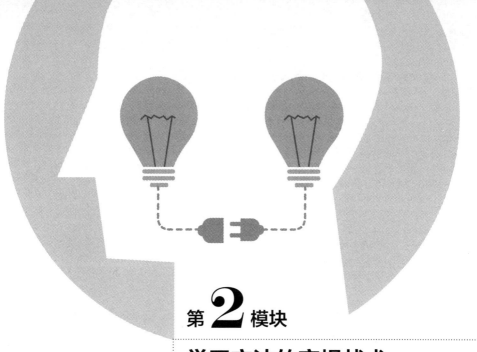

第2模块

学习方法的实操战术

在第1模块中,我们重点讲述了一些理论,希望从认知上改变和优化同学们的思维模型,侧重在"道"的层面。而在本模块中,重点要给大家介绍具体的方法,也就是在"术"的层面上要有所突破,给同学们创设一个应用场景、提供一套应用锦囊,使同学们能够在学习的过程中学到、用到,从而起到提升成绩的作用。这一模块,会给同学们具体讲讲怎么输出,怎么设置学习间隔,为什么通过考试可以提升成绩,怎么整理错题本,如何通过思维导图来建立知识点之间的连接,为什么睡眠对学习很有好处,如何正确运动和锻炼身体等。

输出：最高效的学习法

我们家客厅放着一个大黑板，我家5岁大的女儿每天放学回来后，会给我在黑板上讲她在幼儿园学了什么，讲她学过的儿歌和算术，可有成就感呢。有一次，在给我们讲《窗边的小豆豆》的时候，她运用书中的话对我说："妈妈，我们每天都能吃到山的味道和海的味道。"

这一小节，重点给大家介绍"输出"的方法。我之所以把"输出"放在第2模块的最前面，是因为"输出"是最好的学习方法。在第1模块中，给大家介绍过"学习金字塔"理论，里面提到知识留存率最高的学习方式就是"输出"，也就是说把自己学到的知识讲给别人听。

我在前言中提到过，有一个学生，历史成绩怎么都提高不上去，我就建议她每天回去给家长当老师，把自己学到的知识讲给爸爸妈妈听。坚持了一个学期后，她的历史成绩从 79 分一下提高到 92 分，从此她的历史成绩就一直名列前茅，为什么会这样？就是因为她正确地运用了"学习金字塔"理论中的"输出"方法，让自己的学习效率和成绩都提升了很多。

说白了，其实就是**用"输出"倒逼"输入"，这样会让你的学习更高效。**

"输出"的方法有哪些呢？我们可以分成三类：

语言输出、文字输出和体验式输出。

1. 第一类是语言输出，就是要复述和讲题

我们当老师的人都有一个心法：只有你自己真正当了老师，必须对别人清楚地讲出来的时候，你才会真正理解透彻你要讲的东西。比如，我自己当学生的时候，从来没有把三羧酸循环弄明白过，那么多拗口的名词、那么多复杂的步骤、那么多关键的中间代谢产物，让人望而生畏。可是，当我成为老师必须把这些过程给学生讲明白的时候，我就要硬着头皮，把这些内容都啃下来、弄清楚，所以很多时候我都觉得，在备课、讲课的时候，其实收获最大的是我自己。在我们学校，也流行这么一句话：如果你想把一门学科搞明白，那么，就去开一门课吧！

给别人讲课，就是语言输出的一种。

所以，我推荐的第一种方法就是"老师扮演法"。你可以回家之后扮演老师的角色，给父母复述你学到的知识，或者找一个你最喜欢的玩偶，给它讲课。讲的过程中，不要原样转述，而要注意把抽象的概念转化成具体的例子。比如，我们学光合作用，你不仅要知道什么是光合作用，你还要能根据这个反应总结出对于光合作用的影响因素，甚至一步步地提出农业增产的一些具体措施。

这就倒逼你在学习上完成了升华，一是对概念理解会更透彻，把抽象转化成了具体案例；二是将所学转化成了所用。

不过光这么讲出来还不行，讲的时候你还要留意哪些地方你会卡壳、哪些地方你会讲不下去、哪些地方逻辑没有形成闭环——这些就是你还没弄懂的地方了。用这样的方式，你很快就能发现自己的知识漏洞，这就是学习开始的地方。

之后怎么做呢？你要把这些漏洞记下来，再回去看书、笔记或习题册，重新学习，之后再讲一遍，如此反复，直到你可以用基本的术语讲解清楚。只有全部内容都能顺畅地讲出来，才说明你真的懂了。前面给大家举的例子是学历史的例子，其实不仅文科是这样，理科也是这样，同学来问你问题的时候，千万不要藏着掖着，一定

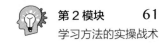
要积极主动地教别人，因为**教会别人的过程中收获最大的其实是你自己。**

其实，语言输出的方法本质上就是著名的**"费曼学习法"**。费曼在 1965 年获得诺贝尔物理学奖，他不仅在物理学界德高望重，而且对怎么高效学习有深刻的研究。费曼学习法的核心三步骤是：一、"掌握基本概念"；二、"教给别人并收获评价反馈"；三、"再次讲出来"。你可以按照这三个步骤，反复多次尝试，逐渐你就能明白"输出"的作用了。这个方法虽然看起来简单，但是它对于分数提升却有非常明显的效果，你一定要试一下。

说到这里，有的同学可能会想，我爸爸妈妈没空听我给他们讲课，或者，我实在不好意思对着玩偶自言自语，怎么办呢？我的建议是：你可以尝试建立学习小组，几个同学之间互相讲课。这样不仅可以形成相互监督的机制，而且大家有不懂的问题可以相互讲解。

所以，如果有同学向你请教问题，千万不要嫌烦，或者害怕讲错就不敢讲，也不要藏着、掖着不愿意讲给别人听，因为不管你讲得怎么样，你才是收获最大的那个人。而且，当你觉得能给同学讲解清楚，还能扛得住同学一个又一个问题的时候，心中会充满成就感。

记住，**检测知识最好的途径是你有能力把它传授给其他人。**

2. 第二类是文字输出，就是要记笔记、画思维导图，或者写文章、写日记

其实，无论记笔记、画思维导图，还是写文章、写日记，都是通过"输出"倒逼"输入"的一种方式。

我来举个例子。我在生物研究性学习课上，讲到"鱼菜共生系统"的时候，我要求学生在课堂上只记重点的一些关键词就可以，而要把大量的时间用来倾听、思考和提问。有的同学会在课堂上把笔记写得非常好看，整节课都在奋笔疾书，但其实会因为注意不到老师的语气、状态等，导致漏掉很多关键的信息和互动的机会。这是不可取的。

但我会要求学生在课后用思维导图的方式整理课堂笔记，把这一周学习的内容复盘一下。例如，学生会把共生系统中不同组成部分之间的关系，按照自己的理解画出来。从交上来的思维导图中，我就能看出大家对知识点和各个生物成分之间的关系理解得是否透彻。关于记笔记（我推荐康奈尔笔记法）、画思维导图的具体做法，在后面的章节中会详细介绍。

　　我还鼓励学生在期末结课时，一定要把整个学期的实验写成论文，因为这不仅要求你把相关知识融会贯通，更要求形成知识体系，并用自己的语言进行表达。在写作的过程中，你需要不断地重复、思考、研究，这样，知识的精华就会成为你大脑中永远不会磨灭的一部分。

　　另外，**我非常鼓励我的学生每天写日记**。曾国藩从浪荡少年变成古今名人，靠的就是每日三省吾身；鲁迅先生也是每天写日记，但是并不会很长，基本是写流水账，但由于都是对吃、穿、住、行的描写，最后变成了一部相当好的了解民国生活史的工具书。我从大学一年级开始，就养成了每天写日记的习惯，每年一个日记本，从来没有中断。我会把每天发生的各种各样好玩的事情记下来，也会把自己每天读书的心得和找人聊天的感悟写出来，搭建自己秘密的精神世界。然后，你回过头来看，你每前进一步的影子都能在日记本中找到。所以，我鼓励同学们写日记，因为那会让你成为更好的自己。

3. 第三类是体验式输出，就是通过完全地参与一项活动来主动学习

　　体验式学习法（Experiential Learning），也称行为学习法（Action-Learning），就是通过实践和体验来学习知识或认识事

物。大家熟知的一些真人秀综艺节目，比如《向往的生活》之类，也可以算是一种体验式学习吧。事实上，很多跨国公司（如英国石油公司、通用电气公司）的员工培训都采用这种方法。边做边学的好处是能让我们真正成为学习的主体。而且你会很清楚地知道知识是如何应用到实践中的，做到真正的学以致用。美国有一所特立独行的大学叫作密涅瓦大学（Minerva School at KGI），它建校时间不长，可是非常有名。它既没有漂亮的校园、雄伟的教学楼，也没有常规的课堂，它的理念就是 **"融入世界是理解世界的最好方式"**。每个学期都在一座城市生活和学习，4年总共会游历7个国家，并参与当地活动，学习当地语言，即充分沉浸式学习。这就像17世纪欧洲的贵族子弟，他们的学习方式不仅仅是上贵族学校，最重要的一环是所谓的"大周游"，他们游遍欧洲大陆，学习各国语言、绘画、雕刻，拜访名师、结交益友，大家耳熟能详的经典著作《国富论》（*An Inquiry into the Nature and Causes of the Wealth of Nations*）就是亚当·斯密在做家庭教师时，陪同贵族子弟游历欧洲大陆后创作出来的。

所以，我特别建议，如果你寒假和暑假有时间，一定要出来走走，多参加一些夏令营和项目式学习的活动。据我所知，现在一些营地活动做得真的是蛮不错的。不过，一定要做好甄别，挑选知名的营地教育品牌。

好了，这一节就先讲到这里了。我们知道了"输出"是最高效的学习方式，输出式的学习法也是著名的物理学家费曼学习法的核心。

"输出"的三种方式：语言输出、文字输出和体验式输出，记住，检测知识最好的途径是你有能力把它传授给其他人。

② 间隔：忘却是为了更好地记住

这一节我给大家讲刻意练习的第二大方法：间隔。

你是不是经常遇到这样的场景：考试前临时抱佛脚。特别是像历史、政治这类文科学科，第二天就要考试了，前一天晚上突击背个通宵；甚至考试前也有同学一直拿着书看，到进入考场前的最后一秒还在看；在考场上老师发卷子的时候一边背着刚才背到最后的内容，一边祈祷老师快点发卷。你会发现这样下来可能成绩也还不错，可是这种方式是否让你真的掌握知识了呢？

德国心理学家艾宾浩斯从 1885 年开始通过实验来研究人类的遗忘规律，发现了著名的遗忘曲线。这条抛物线画出了一个人初次学习新知识后的遗忘速度规律：在学习之后，遗忘马上就会发生，而且最开始的时候遗忘速度很快，然后逐渐减慢，也就是说遗忘的进程并不是均匀的。我们通常在 48 小时内就会遗忘 70% 左右刚读过的或听过的知识。

　　所以突击学习的后果是，虽然在 24 小时之内是有临时记忆的，但是学得快，忘得也快。我上大学的时候，一度觉得一本书学一个学期实在效率太低了。然后我就热衷于一些社团工作、社会实践，只在期末的时候突击学习——拿本教材直接读，读完一章就做习题，然后就读下一章，其实总共用不了多少时间，而且考试成绩都挺好，基本都是 A。可是，后来我才发现这种学法其实是不对的。实际需要用到某个知识的时候发现根本想不起来曾经学过，这种学法应付考试很方便，将来再用到的时候，还得重新找书来看。**因为学得太快，这个知识没有更彻底地长在大脑中——毕竟大脑不是硬盘，是肉长的，而长肉是需要时间的。突击学习的方式不叫真学习。**

　　了解了这个记忆规律，我们就能知道，在初次学习新的内容后，我们最好在 2 天内复习一遍，也就是说在 48 小时内要在大脑中复盘一次新学的内容，否则刚学的内容就会忘得一干二净。

　　可是，有一个"反遗忘曲线"的故事：一个叫巴拉德的英语老师做过一个实验，他让学生阅读一首诗，并且要求在课堂上尽量把诗背下来。学生学习完休息了 5 分钟后，巴拉德老师让学生立刻进行默写，结果学生的成绩都一般。两天后，巴拉德突然要求学生再次默写那首诗，注意，在这期间学生没有进行过任何复习，大家猜学生这次的成绩怎么样？根据遗忘曲线，没有复习的话，成绩应该是不太好的，对不对？

可结果恰恰相反，学生的平均成绩反而提高了10%。这个实验被称为巴拉德效应。这是怎么回事呢？

斯坦福大学的心理学家给了我们一个公式：**记忆 = 存储记忆 + 提取记忆**。当你学了一个知识，就放到了存储记忆中，它不会随时间推移而消失。但我们为什么还会忘记呢？是因为提取记忆出问题了，因为提取强度随着时间慢慢减弱了。不过，提取强度会越用越高，每提取一次记忆，提取强度都会提高，而且提取越困难，记忆就越深刻。这个原理不是我说的，而是很著名的心理学实验的结果。

忘记是为了更好地记忆

利用上述原理，就很容易解释为什么会有巴拉德效应了。学生们第一次测试的时候，其实就相当于在课堂上做了复习，也就是说在 48 小时之内已经复习过一遍了，而"测试"这个动作加强了提取记忆。所以两天后再测试，即使没有复习，之前被加强的那部分内容很容易就能写出来，所以就能想起上次没写出来的诗句，成绩自然就有所提升了。所以，**我们在学习中，要有意识地设置时间间隔，故意给自己制造"有利的困难"，因为提取越困难，记忆就越深刻；忘记是为了更好地记住，克服困难才能深度学习。**

那么巴拉德效应给我们什么启示呢？它告诉我们，最有效率的学习方法不是天天复习，而是故意把它放那里等几天，等到提取强度慢慢变弱了，再进行一次测试式的复习。我觉得这个间隔效应其实挺符合咱们日常的认知，你看咱们给草坪浇水，肯定是每星期浇三次、每次浇半小时的效果比每星期一次、每次一个半小时的效果要好得多吧。

那我们应该如何把间隔效应应用在我们的日常学习中呢？

1. 最重要的一个应用场景就是帮助我们提升碎片化学习的效率

间隔效应在我们记忆一些单个、独立、碎片化的知识时，是最能发挥作用的。比如英语单词、歇后语、科学公式等，这些需要死记硬背的零碎知识点，不要直接背，你要先根据间隔效应的规律，给自己制订一套背诵计划。我以背单词为例说明一下。

我们平时背单词的时候，经常会这样做，比如总共要背100个单词，要在 5 天内背完，于是平均一下，每天背 20 个。其实这样的做法是非常错误的，你会发现，第 5 天的时候，第 1 天背完的单词早就忘光了。**这样的平均分配时间的方式，你是没有办法坚持下去的。在了解了间隔效应之后，你应该懂得了在背单词的时候要设置时间间隔，不要每天去重复，而是要等一段时间。**

那问题来了，应该怎么设置时间间隔呢？

1982年，一位名叫彼得的19岁波兰大学生，他选取了一些需要学习的英文单词，尝试用不同的复习间隔进行学习，两天、四天、一星期、两星期等，他做了详细的跟踪记录，从而确定什么时候新学过的单词就开始记不起来了。他很快注意到一些规律。他发现，第一次学习后，能记住一两天；如果第二天复习一次，那么就能再记住一个星期；如果一个星期时间到了再复习第三遍，那么就能记住一个月。

彼得的亲身实验科学地论证了一个至关重要的问题——复习间隔

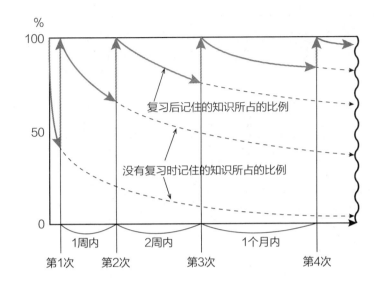

应该如何安排。第一次复习应该在第一天之后，而第二次复习的间隔就要拉长，比如一周之后；然后就是一个月之后。我在大学考托福和GRE的时候，某著名英语培训机构就有一个"21天背单词大法"，大家可以看下页的表格，运用的就是彼得的这种间隔复习法。不过，现在你根本不用那么麻烦来计算背单词间隔，大家平时用的背单词的工具，比如"百词斩"之类的，已经通过算法帮你设置好了回忆间隔，这样你背单词的效率就会更高啦。

当然，除背单词外，其他学科也可以运用时间间隔的方法！事实上，虽然设置时间间隔的方法可以帮助我们学习，可是要每门功课都去记住什么时候该复习哪个地方实在也是一项很大的工程啊！这个时候，你就必须借助外部工具。有没有像背单词软件那样能帮助我们管

成为学习高手 清华博士的高效学习秘籍

1	2	3	4	5	6	7
List 1-2 复习List 1-2	List 3-4 复习list1-2 复习list 3-4	List 5-6 复习list 3-4 复习list 5-6	List 7-8 复习list 1-2 复习list 7-8	List 9-10 复习list 3-4 复习list 7-8 复习list 9-10	List 11-12 复习list 5-6 复习list 9-10 复习list 11-12	List 13-14 复习list 7-8 复习list 11-12 复习list 13-14
8	**9**	**10**	**11**	**12**	**13**	**14**
List 15-16 复习list 1-2 复习list 9-10 复习list 13-14 复习list 15-16	List 17-18 复习list 3-4 复习list 11-12 复习list 15-16 复习list 17-18	List 19-20 复习list 5-6 复习list 13-14 复习list 17-18 复习list 19-20	List 21-22 复习list 7-8 复习list 15-16 复习list 19-20 复习list 21-22	List 23-24 复习list 9-10 复习list 17-18 复习list 21-22 复习list 23-24	List 25-26 复习list 11-12 复习list 19-20 复习list 23-24 复习list 25-26	List 27-28 复习list 13-14 复习list 21-22 复习list 25-26 复习list 27-28
15	**16**	**17**	**18**	**19**	**20**	**21**
List 29-30 复习list 1-2 复习list 15-16 复习list 23-24 复习list 29-30	List 31-32 复习list 3-4 复习list 17-18 复习list 25-26 复习list 31-32	List 33-34 复习list 5-6 复习list 19-20 复习list 27-28 复习list 33-34	List 35 复习list 7-8 复习list 21-22 复习list 29-30 复习list 35	复习list 9-10 复习list 31-32	复习list 11-12 复习list 33-34	复习list 13-14 复习list 35

理间隔时间的软件呢？有的，同学们可以去网上搜一下，有很多软件像我们的外部大脑一样，可以帮助我们安排和管理每天要记忆和背诵的知识点，例如 Anki、SuperMemo等。

这些软件本质上是一个卡片排序工具（flash card）。我们可以对卡片上的内容进行记录并做相应测试，软件的内部算法就会根据测试结果决定每张卡片下次的测试时间。例如，我们平时为了写作文要背一些名言警句，这些句子经常很零碎，我们通常的做法是记在一个本子上，经常拿出来看。但这样做的问题是，非常有可能你会了的一直背、不会的一直不会。而软件会给你设置好时间间隔，提醒你到时候复习，它就像一个筛子一样，不断把你知识库里最薄弱的部分筛出来，让你一直去啃对你来说最困难的那些知识。经过软件筛选的卡片只会越来越少，因为到你脑子里的知识越来越多了。我们可以利用软件来学习

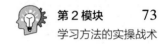
生物、地理、历史、物理等很多的学科。

2. 考前复习安排

间隔效应的理论还可以用在考试前的复习安排上。同学经常会问我，期末复习的时候应该一天复习一科，复习完这科再复习下一科，还是应该每天都安排几个科目，轮着一起复习？了解了间隔效应理论，大家应该知道，肯定是要每天都安排几个科目，轮流着复习效果会更好。原来你可能会担心在不同学科之间转换的时间成本太高，但是现在知道了，这反而是件好事，因为转换就要提取，而提取能增强记忆。交叉着在同一时间段内学习几个科目，比学完一个再学另一个的效果好得多。

但是，我们要学很多科目，每一个科目都按照这样的时间间隔来安排复习计划，可能会在某一天"累吐血"的。那有没有针对学生备考复习的最佳时间间隔方案呢？

2008 年，一组科研人员在心理学家哈罗德的带领下，组织了一项大型研究，针对上述疑问首次给出了中肯的答案。该科研小组招募了1354 名不同年龄段的人，他们得出了最佳复习间隔的大致时间范围。你可以看下页的表格。

成为学习高手 清华博士的高效学习秘籍

待考时间	两次学习间隔时间
1 星期	1~2 天
1 个月	1 星期
3 个月	2 星期
6 个月	3 星期
1 年	1 个月

研究发现，第二次复习与第一次学习之间的最佳间隔，与距离考试的时间间隔按比例递减。也就是说，你应该间隔多久复习一次，取决于你什么时候考试。比如，如果距离考试还有 1 星期，那么最佳复习时间为第一次学习过后的一两天之内；如果距离考试还有 6 个月，那么最佳复习时间为第一次学习之后的 3 星期。表中的数据并非绝对的，而是可以稍有增减。不过，这已经是相当准确的数据了。

好了，这一节我们给大家讲了在学习中设置间隔时间的好处和具体方法，大家不妨试一试，看这样的方法是不是对你有效，你一定会收到意想不到的效果哦！

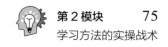
3

考试：考试是最好的复习

我的学生经常抱怨，已经把书里的内容看过好多遍了，每次看的时候都感觉看得很明白，觉得自己肯定已经掌握了，可一旦考试就发现自己并没有真正理解。这是怎么回事呢？

其实，我们在很多情况下会高估自己的知识水平，以为自己已经掌握，实际上并没有完全掌握。**其实把一本书看好多遍，只会让我们对内容"熟悉"而已，而熟悉并不等于理解**。想要真正理解，唯一的办法是考试和测验。这就是这一节中我要给大家讲的——**考试是最好的复习**。

不知道你还记不记的上一节中巴拉德效应的例子。其实，在巴拉德的实验中，还有一个细节很重要：巴拉德是用测试在刺激同学们对诗歌的记忆，而不是让他们重新再复习背诵一次。为什么巴拉德要这么做呢？

有实验证明，直接让学生做测试，比单纯地复习，更能有效刺激记忆力。在伊利诺伊州哥伦比亚市的一所中学里还有过一个很类似的实验。工作人员安排学生对某一部分学过的知识点进行小测验，而对另一部分知识点不测验，只让学生自己复习3遍。在一个月后的大考时，考到小测验中涉及的知识点时，学生们的平均成绩是"A-"，而那些仅要求复习3遍、没有进行测验的知识点，学生的平均成绩就只有"C+"。

你看，考试比单纯的复习更能提升学习的效果吧。不过，为什么测验这么管用呢？

因为在测验的过程中，学生能通过"猜想→反馈→改进"这个模式来巩固记忆。就是说对于一个你不确定的知识点来说，先通过你的猜想得出一定的结论，然后再根据测验的结果给出及时的反馈，如果错了，就有利于你的进一步改进，从而巩固了记忆。

可以看出，考试有两大显著的优点：一是能告诉你什么是你知道的，什么是你不知道的，然后你就可以判断以后要把精力放在哪个薄弱环节上，加以改进；二是回想已经学过的东西会让大脑重新巩固记忆，强化新旧知识间的联系，方便在今后进行回忆。考试，可以有效地中止遗忘。没有考试，你的知识可能只是幻觉。所以，你现在能理解，为什么老师常说"考、考、考，老师的法宝"了吧。

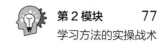
1. 自己给自己出考试题

那你可能会说，考试是学校和老师组织的大型活动，我能把它作为一种学习方法，用到自己的日常学习中吗？

当然可以。不是只有老师能考你，自己也可以给自己出题。学校组织的考试通常是期中考试、期末考试，这些考试的频率有点低。我非常推荐大家平常给自己多准备考试。具体来说有两种方法。

一种考自己的方式是学前考，就是把考试前置。在你学新知识之前，先给自己做个测试，测完再学，这样学习效率能上一个大大的台阶。加州大学洛杉矶分校的心理学家罗伯特·比约克夫妇曾经做过一个实验：一个班正常学习，而另一个班针对 3 节课的内容进行了一次小型"预考"，预考之后，再学习相关内容。两周后，两个班一起综合大考。结果，提前预考的同学，比没有接受预考的同学，平均成绩高出 10%。

另外一种是学习之后考，这个理解起来简单。其实，平时老师布置的作业，你就可以当成一种考试，检测一下自己学习的效果，看哪些知识点还没有学会。或者，你可以周末给自己找一套与最近学习的知识点相关的试题去考一次，由于增加了提取记忆，这也相当于一次复习了。

2. 考试后如何有效地反思

不过，虽说考试能有效刺激记忆，但你要注意：考试这件事不是在你做完卷子放下笔的那一刻就结束了。不管是老师安排的考试，还是自己设置的考试，都需要考后的反思、整理，才能真正让你从考试中学习、进步。

我经常和我的学生说一句话，叫作**高考是一场输家的游戏**。什么意思呢？所谓输家游戏，就是其结果由输家的错误所决定。在类似网球之类的竞技赛场上，只要你连续回球，避免非受迫性失误（unforced error），等待对手犯错，你就会赢得比赛。输得少的人就是赢家。

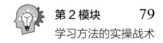
高考也是这样，你要做的就是减少犯错！ 错题本就是能让你减少犯错的一个重要工具。

不过，错题本很多人都会做，但是大部分人做的都是无效的错题本。那怎样做才是整理错题本的正确方法呢？

首先，进入错题本的题目要认真分析，要去发现问题和剖析问题。发现问题就是要对每一次作业和考试中的错题进行记录。剖析问题就是要对错题进行反思，思考到底错在哪里：是理解有问题？还是知识本身没学懂？还是粗心导致计算出错？这些问题下次又该如何避免？有的同学错题本很乱，就是因为不管什么错题都想往错题本上抄，而且不进行归类，导致题目太多太乱，反而令复习时效率降低。

如何正确做错题本

✔问题是什么
✔写出解答过程，而非抄题
✔给自己的错误做点评

其次，错题本中的重点，应该是解答的过程，而不是题干。对于做错的题，一定要认真查看标准答案，比较自己的解法和标准答案有什么差别，自己哪里出了问题。有些同学做错题本时，每道题的题干都抄得很认真，浪费了大量时间。其实，你可以直接把试卷上的试题裁剪粘贴，就会快很多。对于不能裁剪的习题册或者书本上的题目，也可以适当简化，花更多时间来分析和反思你的解题过程。记住：永远都不要做让自己看起来很勤奋的伪动作。

说到对解题过程的反思，我还有一个小技巧：你在重新正确解题之后，可以在旁边增加几句点评，就像是老师给你写评语一样，你也可以自己评价一下。例如：

1）原来错在哪了：忘了什么、混淆了什么、忽略了什么，还是记错了什么等。

2）这个错误给你的核心提示是什么（比如要注意审题、关注某个特定知识点等）。

3）其他联想（比如同类型题的答题策略、这个知识点的前后延伸等）。

不过，错题本不只是写写就可以的。还有一个步骤很关键，有了它才能发挥错题本真正的功力，那就是：错题本一定要反复看。最好里面的每一道题，你都能够滚瓜烂熟。

而且，错题本也是需要不断更新的。对于已经熟悉了的、不会再

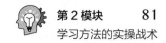
错的题目，你可以把它们剔除出去，不需要再占用你复习的时间。对于那些你还不太有信心能每次都做对的题型，你可以单独抽出来，定期做一些专题训练。所以，**你的错题本就像是一个蓄水池，会有部分的水被排出，也有新的水会不断加入。**

3. 以正确的心态看待考试

前面讲了"自己给自己出题考试"及"考试后如何有效反思"的方法，但是对于考试，最重要的一点，还是要调整好心态，以正确的态度看待考试。

考试虽然给学生反馈和改进的机会，但分数和排名可能会扎得人心里难受。如果你经常排名靠前，可能会喜欢排名，因为这有点像体育比赛，很刺激。但是对大多数学生来说，特别是对于排名靠后的学生，排名仿佛就是在证明自己不行。

我见过不少同学，非常害怕考试，甚至会患上考试焦虑症。从考试前一周就开始熬夜复习，吃不好、睡不好，整个人的脸色都特别差，还没等到考试开始，就已经把自己折磨得要崩溃了。

其实我非常理解这些同学。毕竟现在竞争很激烈，压力大，但是，这并不意味着我们没有办法调整心态。

成为学习高手 清华博士的高效学习秘籍

那么怎么办呢？我觉得，我们可以用一种不以物喜、不以己悲的淡然态度来面对考试成绩。我想告诉大家，一次考试不会决定你的一切。即使是高考，它也无法决定你人生的走向。**考试的目的只有一个，就是对你的学习情况给出及时而又准确的反馈**。产生情绪波动是可以理解的，不过这不一定有利于我们的学习。因为被人指出错误，或者成绩不如别人会让人本能地产生恐惧心理，而恐惧会让大脑的可塑性下降。**一个被指责的大脑将会是封闭的大脑，它会关闭对外界的认知和感受，让你根本不想学习。所以学习需要在放松的环境下，需要给予自己充分的安全感，这样你才能有长足的进步。放下你的情绪，这样你会进步更快。**

好了，总结一下这一节的内容，考试是最好的复习，因为考试能够为我们提供及时的反馈；要学会整理错题本，我们不要因为成绩而惧怕考试，从而产生消极的情绪，让我们不以物喜、不以己悲地去面对每一次的成绩吧。

4

建立连接：创造力的源泉

有个问题特别常见，就是有的学生明明平时做了很多练习题，做题很熟练，可是当老师把 A 题型和 B 题型综合在一起，拓展出一个全新的 C 题型时，他就没法举一反三、发挥想象力做进一步思考了。而这种举一反三、根据基本题型的解法来做综合题型的能力，恰恰就是考试中让人脱颖而出的重要能力。那么，这种举一反三的能力为什么大部分同学都难以掌握呢？

用已知、现有的知识去解答新问题的能力，其实是一种创造性思考的能力。我们说的举一反三、触类旁通的能力其实就是创造力的一种表现形式。根据对全球产生深刻影响的布鲁姆教学目标的分类标准，创造力属于高级认知能力。它需要对问题进行全面理解，并再次整合与问题相关的各项要素，从而综合地、具有创造性地解决问题。也就是说，如果缺乏这种创造性思考的能力，那么那种比较新颖的、看起来比较难的题目就不会做。

有同学可能会说，天啊，那惨了，我真的天生没有什么创造力，怪不得考试最后的大题我都做不出来。那可怎么办呢？

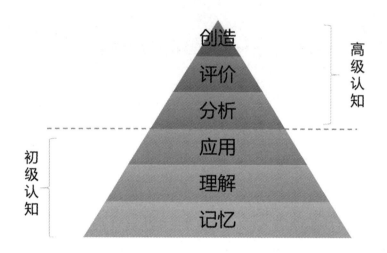

千万不要担心。因为创造力不是天生的。创造力是后天培养起来的。尤其是解答综合题型的这种能力，是有一套训练方法可以帮助你提升的。而且这些方法，比你想象中还要好上手。那么具体应该怎么做呢？

核心就是四个字：建立连接。创造性思考的本质，不是天马行空的想象，而是把自己已经学过的知识，跟应用的场景相互连接，编织成网络的过程。只要你能不断强化这种连接，就能有效加强你的创造性思考能力。

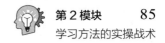
大家还记得之前讲过的神经元的原理吗？在那一节中，我曾经讲过，学习的本质就是建立连接，而创造力属于高阶的学习，它更依赖于神经元之间连接的建立。那我们在平时的学习中，如何培养这种创造力，从而能让神经元更快、更强地建立连接呢？

在这里介绍两种方法，一种是画思维导图，另一种是向自己提问。

首先来看第一个方法，画思维导图。

思维导图，又称为心智地图，采用图画和文字的形式，把各级主题的关系用层级图呈现出来。在画思维导图的过程中，大脑会重放或重新演练学到的知识，将平时学过的零散的知识点整理成结构化的知识体系，然后再将这样结构化的体系用崭新的方式连接起来。把新知识和过去的经验或者是旧知识有机地连接起来，迁移能力、举一反三的能力在大脑中就自然发生了。

打个比方，咱们平时学过的一个个知识点就像一个个的地理坐标，而我们做思维导图的过程就是把这些地理坐标整理并连接起来，形成地图的过程。把地图画出来很重要，但更重要的是你要会看地图，想走到哪里就走到哪里，这就是从知识到能力的迁移过程。以生物学为例，我让学生根据所学的知识，想想现在对于癌症的治疗有哪

成为学习高手 清华博士的高效学习秘籍

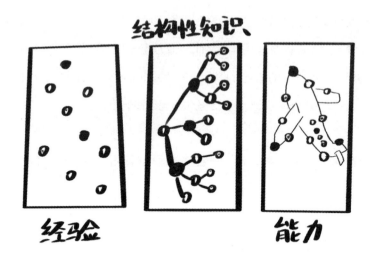

些方法。有的学生会说，可以限制癌细胞周围血管的生成，不给癌细胞提供营养物质从而饿死癌细胞；还有的学生会说，针对特定的癌细胞研发抗体以杀灭癌细胞。这些方法运用的都是我们学过的细胞呼吸、人体免疫等方面的知识，这就训练了学生举一反三的能力。通过思维导图，让我们避免了"只见树木，不见森林"，从而对知识有一个全局的认知。

方法比苦干重要。那怎么做思维导图呢？这里要介绍给大家一些实用的方法。

1. 纸：准备一张白纸，以 A4 纸为例，横放书写空间更大，有利于思维的发散。在纸的正中间写上这个思维导图的关键字或主题，并用彩笔圈起来。

2. 笔：笔的颜色要丰富。尽可能超出 3 种颜色。因为色彩越鲜艳，人脑记忆越好。

3. 画图顺序：从右上角开始，顺时针到左上角结束，古代文字其实都是从右到左的，这便于记忆。

4. 画分支：先画第一层分支，再画第二层分支；或者直接就一个分支画到底。分支代表了不同概念之间的关系，同一层分支代表的概念是并列关系，上一层分支与下一层分支之间是包含关系。通过思维导图的整理，同学们就能把大概念、中概念和小知识点之间的关系和顺序都捋清楚。画图时除了线条的粗细要有变化之外，还需要用曲线。粗细变化的曲线能提醒自己内容的重要性，有助于后续回忆。

5. 画图要点：整个思维导图需要多用图片。因为图片能够帮助我们触发联想、加强记忆。这就是为什么孩子甚至成年人喜欢看漫画的原因。不要怕画得不好，能起到作用就行。如果有些东西我们无法用图片表达，那么就要使用关键词。注意关键词要简短，不要用长句。关键词用来提示我们细分的知识点有哪些，这些知识点可能与其他知识点有什么关系。

建立连接的第二个方法，就是不断地向自己发问。

比如，在阅读的过程中，除了被动地接受信息外，还需要主动地做一些事情，最重要的事情就是读完一段内容后，合上书，停下来，

成为学习高手 清华博士的高效学习秘籍

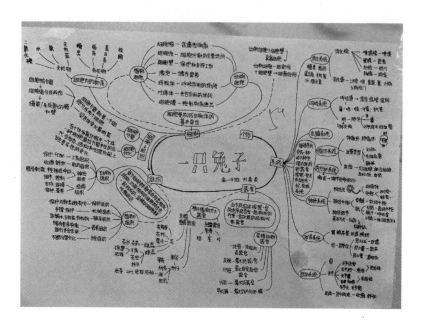

想一想，"刚才我读了什么？是关于什么内容的？"比如，酶有催化作用，它的工作机理是什么，特点是什么，自己先问自己一遍，再回到书中看一遍，检查自己理解得是否有偏差。**这个过程叫作检索。一开始你会感觉很不习惯，因为如果每读一段就要停下来回想自己在读什么，并用这些内容考查自己，会花很多时间**。特别是临近考试，而且考试内容很多的时候，学习进度慢下来会让你感觉很紧张。可是，这恰恰是最高效的一种学习方法，因为你在考试的时候就是这样自问自答的。如果你在学习和复习的时候做不到这一点，那么你在考试的时候同样也做不到。

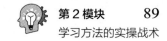
除了问"我刚才读了什么"这类的问题，我还经常逼问自己两个问题。

　1. 我所学的这个知识点，它能用在什么地方？

　2. 我所学的这个知识点，它不能用在什么地方？

还拿"酶"来举例子，它能用在什么地方？细胞内所有的催化反应都是用酶作催化剂的。而什么地方不能用呢？虽然绝大多数生理反应需要酶来参与，但并不是所有生理反应都能用到酶。比如免疫系统攻击病毒的时候用抗体，调节作用靠激素。通过比较酶、抗体和激素的区别，你更加清楚地认识了酶的定义，以及酶和其他物质的区别，再遇到关于酶的题目你就不会错了。

学会了建立连接的方法，你会发现，自己不仅学会了举一反三，连难题都能攻克了；而且，记忆力也会提升很多。举个我女儿记物品的例子，图上有小狗、树、秋千、书包、创可贴等几种毫不相关的物品，要求在最快的时间记住这些物品。这个时候，她就会用联想法把这些物品串在一个故事里。她讲了这么一个故事：她带着小狗上学去，看到一棵树上挂着一个秋千，她就上去玩，但是不小心把手划破了，她就从书包里拿出创可贴贴在伤口上，高高兴兴回家了。她通过联想法或者叫作记忆宫殿法，把这些物品联系在一起，很快就记住了，这就是建立连接的好处。

所以，让我们把大脑当工具，不断地练习，神经元之间的连接就会慢慢建立起来，知识迁移的能力就会逐渐培养起来。经过长期的训练，你在做综合类的大题时将更加得心应手，记忆力会更好，学习也会更高效。

5

睡眠：睡一觉，让你秒变"学霸"

先讲一个故事。1864 年，德国化学家凯库勒正在研究一种有机化学物"苯"的结构。其实早在 1825 年，苯这种物质就已经被发现了，科学家们研究发现苯是由 6 个碳原子和 6 个氢原子组成的，可是谁都想不出来，这样的组成成分怎样才能形成一个稳定不变的分子结构。终于在将近 40 年后，凯库勒解开了这个谜题。那么他是怎么解开谜题的呢？

据说凯库勒是在梦中获得的灵感。有一天他在睡梦中梦到一条蛇首尾连接，醒来后，他顿悟，苯的形状应该是一个环！之后他通过验证，正式确定了苯的结构。

不知道你有没有类似的经历：白天学了一个东西，练习了很长时间，还是没有完全掌握，可是，晚上睡了一觉，第二天突然就掌握了！

这绝对不是你的错觉。科学家也做过实验，证明**睡眠是可以巩固**

学习成果的，睡眠对学习来说绝对是必不可少的催化剂。两组学生接受同样的训练，同样是间隔 8 小时之后测试。第一组是早上学习，下午测试；第二组是晚上学习，第二天早上测试。结果因为第二组中间有个睡觉的过程，这组的成绩就明显更好。

这些事情告诉我们，睡眠不仅能激发我们的创造力，而且真的能提高学习成绩！这是怎么回事呢？

1. 睡眠能提高学习成绩和激发创造力的原因

不知道大家是否看过一部电影，叫作《盗梦空间》（*Inception*），是克里斯托弗·诺兰导演、莱昂纳多·迪卡普里奥主演的。电影中有个情节，服用普通镇静剂能让梦的速度是真实生活速度的 12 倍，强效镇静剂能达到 20 倍。不过，我要说的是，其实不用镇静剂，正常睡觉时梦中发生事情的速度就是真实生活的 20 倍。这意味着什么呢？意味着你白天经历过一次的事情，睡眠中可以回放很多次。你白天练习了 10 遍，睡眠中可以练习 200 遍。当然因为你是在睡觉，你并不记得自己回放了白天的经历，但是你的大脑记得，这些都是科学家做实验和扫描大脑观测出来的结论。你的程序记忆记住了，你的技能增长了，你原来没学会的东西就突然学会了。

还有一个现象，就是我们有时候记得做梦了，但梦里发生的

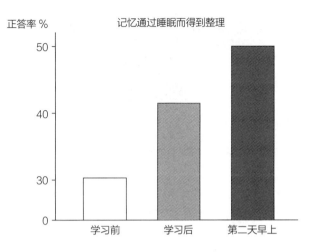

事情通常跟白天经历的不一样，有很多离奇的情节。那这是怎么回事儿呢？**这就是睡眠的另一个作用——建立新的思维模型**。我们白天接收到的信息很有限，晚上睡觉的时候，大脑在睡眠中把信息给压缩了，快速播放，而且不仅仅是简单回放，还有混合播放。这种混合播放就好像搭积木一样，能把新信息和旧信息联系起来，重新排列组合。往往这种排列组合能给你带来意想不到的效果。**梦境不会直接给你答案，但是可以给你埋下答案的种子**。有时候一个问题你白天绞尽脑汁不知道怎么办，一觉醒来再一想，突然就明白了，那就是因为你在梦中已经尝试过各种连接方案。梦，是大脑在模拟现实，在做思想实验。所以，大家看，睡眠是非常有助于学习的！

成为学习高手 清华博士的高效学习秘籍

当你睡着以后，小精灵们纷纷出现，
勤劳地帮着你的神经元做各种连接

　　所以，**睡眠可以培养我们的创造力**。大脑在睡眠中把白天的训练重复了很多遍。在复杂的睡眠之舞中，神经元悄无声息地跳动着曼妙的舞步，顺其自然地成就了学习。就像童话里常出现的场景："当修鞋匠睡在一旁时，小精灵们纷纷出现，勤劳地帮着他干活"。如果大脑被机械化的学习堵塞，就会开始罢工，停止思考，而睡眠就扮演"清洁工"的角色，让堵塞的道路变得畅通，让思考变得更灵动。

2. 如何正确地睡觉

　　要了解如何正确地睡觉，首先要明白睡眠周期的结构模型。在医学上，一个完整的睡眠周期会持续 90~120 分钟，而我们一个晚上会经历 4~5 个周期。每个睡眠会经历 5 个不同的阶段，分别是入睡期、浅睡期、熟睡期、深睡期和快速动眼期。入睡期就是我们感觉昏昏欲睡的时候。对于睡眠良好的人大概占整个睡眠周期的 5%。如果你睡着睡着，突然出现了肌肉的抽动，或者突然有那种要跌倒的感觉，这就是入睡期的表现。浅睡期是我们刚刚进入睡眠的时候，大概占整个睡眠周期的 50%。这个阶段很容易被唤醒。熟睡期主要是过渡作用，占睡眠周期 7% 左右。深睡期要占睡眠周期的 15% 左右。这是我们睡眠过程中恢复精力的主要部分，特点是不容易被叫醒。睡眠的最后一个阶段叫作快速动眼期，通常占睡眠周期的 20% 左右。这个阶段在巩固大脑的学习和记忆功能方面有非常重要的作用。我们刚才提到的睡眠能帮助学习的过程就发生在这个周期。

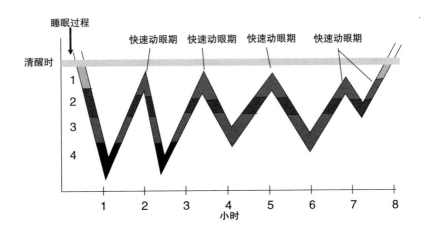

美国国家睡眠基金会基于很多专家的共识，推荐青少年每天的睡眠时间是 9 个小时，即 5 个完整的睡眠周期。但是，同学们会说，我们的睡眠其实根本达不到这样的时间啊，每天放学后上辅导班、写作

成为学习高手 清华博士的高效学习秘籍

业到晚上 11 点，然后为了保证上学不迟到，早上 6 点多就要起床，一天平均睡眠时间就只有 7 个小时，根本无法保证睡眠时间。所以，美国有的学校已经开始尝试早晨推迟 1 个小时开始上课，这些学校的学生们表示他们能睡得更好、白天也更有精神，老师们也普遍反映学生更机敏了、成绩有所提高了。

但是，如果我们改变不了学校的作息时间，那该怎么办呢？那就要做好时间管理，早点上床睡觉。下面列出了一张每日作息建议清单，供你参考。

每日作息建议清单

作息	时间
起床	5:50
锻炼身体	6:00–6:30
吃早饭	6:30–7:00
到校	7:30
上午上课	8:00–12:00
中午吃饭	12:00–13:00
中午休息	13:00–13:40
下午上课	14:00–16:30
选修课	16:30–17:50
锻炼身体	18:00–18:30
休息冲澡 + 晚上吃饭	18:30–19:30

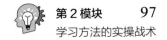
续表

作息	时间
晚上写作业	19:30–22:00
上床睡觉	22:00

★ 根据各地、各学校作息时间不同，此作息时间需要弹性调整和变化。

★ 在白天要抓紧碎片时间完成作业，保证晚上有充足的睡眠，睡觉时间不要晚于 11 点。

★ 可以根据自己的习惯调整作息，但是一定要坚持，保持好节奏。节奏感是非常重要的，它会让你对生活和学习有掌控感。

　　另外，再教大家一个小诀窍，那就是学会科学地打盹儿。科学研究表明，打盹儿 10-15 分钟，可以提升对之前学习内容的记忆效果，思维会变得更敏捷；打盹儿 30 分钟左右，记忆效果会更好，但是醒来后大约会有 30 分钟的迷糊时间；打盹儿 90 分钟，就完成了整个睡眠循环，对于创造力的提升非常有好处。如果你没有办法抽出一个小时以上的时间休息，那么建议你在中午吃完饭后利用 15 分钟左右的时间打个盹儿。这是性价比极高的选择，能让人的精力更充沛，对于学习效果的提升非常有帮助。

　　如果你中午实在睡不着，那闭目养神也是一个非常好的方法。或者找个轻松的事情做。比如做手工、摆弄花草、晒太阳、散步等，目的就是让大脑放松下来。或者，你假装自己是别人，比如文科生可以暂时假装自己是个理科生，去读一些科学类的书籍，换个视角，也是让大脑放松的好办法。

所以，**大家千万不要为了学习牺牲睡眠时间，缺觉会降低你的决策水平和学习效率**。比如，世界著名医学期刊《柳叶刀》（*The Lancet*）发表过一项研究，以内科医生作为研究对象。在睡眠时长不同的情况下，让他们做同一份工作，看到底有什么区别。结果表明，在控制其他因素的前提下，完成同样一项临床工作，睡眠不足的医生比睡眠充分的医生耗时长14%，错误率高20%。你知道，在临床工作中，如果错误率高20%，那是多么危险的事啊！

而且，要知道，**成功的人都不是靠挤压睡眠时间来取得成功的**。佛罗里达大学的心理学家安德斯·埃里克森做过一项研究，他调查了在某个领域中的专家和普通人（对照组）在睡眠上的区别。结果发现他们的睡眠时间是一样的，没有差别。专家的平均睡眠时间是8个小时36分钟，是不是和普通人差不多？所以，他们并不是比别人睡得少，牺牲了休息的时间才获得了后来的成就。这项研究甚至发现，这些人连周末娱乐的时间，也和一般人差不多。所以说，对于绝大多数的人来说，想成为天才、专家，也要保证充足睡眠。这是保持精力充沛的一个秘诀。从生理学上看，人在睡眠的时候，身体其实处于一个主动修复的过程。我们平时产生的一些代谢过后的废物，会在夜晚被大量地清除掉，免疫系统会得到增强，大脑和肌肉会进行生理性的修复，

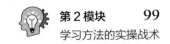
记忆力也会得到加强。

3. 失眠怎么办

有同学问，我经常感觉到学习压力大，晚上难以入睡，或者睡着了很容易被惊醒，经常失眠，怎么办？实话和大家说，我也是一个经常失眠的人。后来我专门学习了关于睡眠的知识，以及如何应对失眠的认知行为治疗方法，在这里分享给大家。总结一下有四句话：

白天多户外，睡前做准备，放下心中事，睡时再上床。

白天多户外：我们一定要重视白天的活动，尤其是在户外的活动。日光照射下的运动，能够显著地提高睡眠质量。因为日照能够刺激我们的视神经，进一步作用于松果体。松果体是位于人的间脑和丘脑之间的一个豆状体，会合成和分泌很多的褪黑激素，褪黑激素是帮助我们睡眠的激素。

睡前做准备：让卧室保持黑暗的状态。因为黑暗会刺激下丘脑分泌褪黑激素，引发睡意。因此卧室里最好不要有强光，可以开一盏昏暗的小灯，让卧室暗下来。睡觉前的一个小时也不要玩手机等电子设备。因为屏幕发的光会降低褪黑素的分泌，扰乱我们的生物钟。可以让自己睡前喝半杯热牛奶，也可以冲个热水澡或者泡泡脚。因为洗澡和泡脚的时候，你的核心体温是上升的。当你洗完、泡完以后，因为环境的温度比较低，所以你的核心体温就会骤然下降，体温的下降就会引发睡意。

放下心中事：以上两点都只是外部调节，即使你都做到了，有的时候还会睡不着。你就会越来越着急、生气、脾气暴躁、绝望到情绪崩溃，然后就可能会失眠。这个时候一定要学会转换心境，告诉自己，睡不着没什么的，即使一个晚上不睡觉也没什么的，什么也不要想，就闭目养神，因为这也是一种休息的方式，就这么躺着，可能不知不觉就睡着了。

睡时再上床：这一点就是说要建立上床和睡觉之间的条件反射。什么意思呢？就是说除了睡觉，其他活动最好不在床上，包括看电视、玩手机等。你要训练自己，如果是干这些事情，就到沙发上或者到椅子上坐着，你上床就是为了睡觉，形成条件反射，就更容易入睡。具体来说，你需要提醒自己，如果没有感觉到困乏就不要上床，你醒着躺在床上的时间不应该超过 20 分钟。如果你躺下了，发现 20 分钟以后还仍然清醒，那你就起身离开卧室，进行放松，比如听听轻音乐或者走一走。

最后，总结一下：这节讲了睡眠在学习中的重要性。我们的大脑

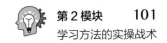
无时无刻不在进行着运转，包括睡觉的时候。睡着之后，大脑仍然在后台无意识地运行着，大脑中的神经元随时都在做你没有意识到的连接。特别是在半睡半醒之间，当储备的想法多了之后，大脑会自动做各种连接。整个过程就好像是用砖头砌墙，白天我们学习的各种新想法、新概念、新套路就像是在大脑里放入砖头，而睡觉呢，就是把这些砖头用水泥连接在一起的过程。所以，睡觉是有利于我们学习的重要活动，千万不要为了学习牺牲睡眠时间。记住了，好好睡觉，有可能让你学习更高效哦！

6

运动：提升学习效率从一双跑鞋开始！

上一节给大家讲了睡眠，这节我们来说说运动。你或许会说，老师，睡眠和学习有关系，已经很颠覆我们的认知了，难道运动也能够提高成绩吗？

对的，还真是这么回事。

我们来看一个实验。2016 年，美国芝加哥附近有一所中学实施零时体育计划，让学生早七点到校，在还没开始上课之前，先在操场跑步和做运动，然后再开始上课。一开始家长都非常反对，孩子本来起床就很早，再去操场跑几圈，会不会一上课就犯困啊？结果发现正好相反，实验数据表明，运动过后学生上课的时候反而更清醒，学生的专注度增强了。这些数据开始让美国的父母看到了运动对孩子学习的帮助，就不再反对学校的零时体育计划。现在美国已有很多州的学校在推广零时体育计划了。

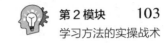
再给大家看一组数据。美国的学校都要进行斯坦福成就测验。
这项测验在美国已经有相当长的历史了，是一项用来测试美国中小学
生的学习成果的标准化考试。在斯坦福成就测验中，研究者发现那些
体能好的学生数学成绩和英语成绩都明显高于平均水平。而且，一
周只要运动3到5次，每次30到45分钟，就能大大提升记忆力和
注意力。

是不是很神奇？那么，为什么运动能够让人提升学习效率呢？

**首先，运动能够让血液的氧气和葡萄糖含量上升，而氧气和葡萄
糖正是大脑工作最需要的两种原料。**尤其是在进行跑步、游泳、篮球、
足球等有氧运动时，血流循环速度大幅提升，能更快给大脑输送养料，
提高新陈代谢速度，从而提高大脑的工作效率。

其次，运动可以锻炼人的协调能力和反应速度。比如打篮球，它
需要眼疾手快以及快速地做出决策。球员拿到球的瞬间，只有千分之
几秒的思考时间去判断球是传给别人还是自己投篮；如果决定自己投，
就必须马上评估出进球的概率，以及万一没有投进去，球落在对方手
中的后果。所以，运动能够促进大脑功能的整合，对培养应变能力非
常有帮助。

最后，运动还可以让人身体分泌多巴胺、肾上腺素和血清素，这

3种神经传导物质都和我们的学习有关。多巴胺是一种能传递兴奋以及让人快乐的物质，运动完的人大多心情愉快，比如，体育课上刚打完球的孩子总是精神亢奋，这时候如果回到教室里上课，那么课堂氛围就会特别活跃。

肾上腺素跟注意力有直接关系。比如，大敌当前需要决定是应战还是逃跑的关键时刻，以及面对考试精神高度紧张的时候，人体里就会大量分泌肾上腺素，让你的精神维持高度集中。运动时肾上腺素的分泌同样会增加。

血清素对于提升我们的记忆力有着非常直接的作用。随着血清素

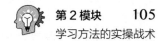
的增加，记忆力会逐渐变好。血清素同样对情绪调节也有帮助，很多抗忧郁症的药，都是用来提升大脑中血清素含量的。所以，运动从某种意义上来说，还是消除坏情绪和压力的好方法。

不过，很可惜的是，尽管运动有这么多的好处，很多人还是不重视运动。他们认为运动是浪费时间和体力。特别是到了初三、高三这种即将要参加大考的时候。有些家长会把孩子的周末时间安排得满满的，全是课外辅导班，根本没有运动的时间。很多学校常常把体育课改成英语或数学课，甚至有的同学也会认为体育课没必要，跟体育老师请病假后留在教室里做练习题。这样做看似是花了更多的时间在学习上，但其实根本没有提升学习的效率。其实，运动跟学习效率之间的紧密关系，希腊人早在两千年前就发现了，他们的孩子16岁以前最注重的便是体育。有了强健的身体，学到的知识才有意义；失去健康和生命的话，再多的知识都无用武之地。

那怎样的运动量是合适的呢？世界卫生组织建议青少年每天至少要有一小时的中等强度的有氧运动。你可能会问什么是中等强度的有氧运动？这里有一个计算标准：中等强度就是你在运动时的心率要达到最大心率的 60%~70%，最大心率就是用 220 减去你的年龄。比如我 35 岁，那我的最大心率就是 220 减去 35，是 185。185 的 60%~70% 就是 120 左右。所以对于我来说，如果每天运动时的心率能达到 120 的时间超过半小时就是合适的运动强度。怎么监测自己的心率呢？你可以通过一些电子设备，比如智能手环，进行监测。

不过，世界卫生组织出版的期刊《柳叶刀·儿童与青少年健康》（*The Lancet Child & Adolescent Health*）上的一篇报道中说道，2001 年至 2016 年间针对 146 个国家约 160 万名学生（11 岁至 17 岁）的调查显示，81% 的青少年都没有达到规定的每天运动 1 小时的标准。调查结果让人担忧。当然，很多同学会说因为学习安排太紧张或者自己本身非常懒惰没有办法坚持，那怎么办？

那么我教大家几种容易坚持下来的方法。

第一，找到适合自己或自己喜欢的项目。 说起运动，不要太宽泛地说自己不喜欢运动，也不要把运动只局限在做器械训练、跑步或者篮球这些项目，不要轻易给自己下结论说我不适合某项运动或者我运动能力就是不行。给大家举个我自己的例子，我在初中、高中时期特别讨厌跑步，因为老师总要计时看谁跑得最快。而且那个时候我并不会调整呼吸、调节心率等一些跑步的技巧，所以每次跑完很累，就更加不喜欢跑步。到了大学以后，我的导师特别喜欢跑步，并且经常带着大家一起跑，每次都跑 4000 米。一开始我坚持不下来，但是不想掉队，我咬咬牙居然也跟着跑下来了。慢慢地，我就觉得跑 4000 米也不是一件很难的事情，而且发现跑步的时候思想可以放空，跑完步后神清气爽，

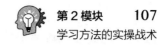
然后就逐渐喜欢上了跑步。所以，找到一个自己喜欢的运动项目很重要。

　　第二，设立运动目标，建立反馈机制。 要让自己养成运动的习惯，不要给自己设立一个不能完成的目标，你可以给自己设定一个具体的、可以测量的、可以实现并且有时间限制的目标。你在设定运动目标时可以遵循 SMART 原则，也就是说，你的目标要符合这 5 个特点：Specific（具体的）、Measurable（可测量的）、Attainable（可达到的）、Relevant（相关的）、Time-bound（有时间限制的）。比如，我给自己设立的目标是每天跑 4000 米，我会用一个软件每天坚持打卡，让自己逐渐积累成就感。如果你在刚开始的时候跑不了 4000 米，那也没关系，给自己设定小目标，可以从每天运动 3 分钟开始，先形成运动的习惯，之后再慢慢把运动量加上去就可以了。不要小看这个小目标，将大目标拆分形成一个个阶梯式的小目标，采用"小步原理"——就是让自己在改变的道路上先迈出一小步，让自己获得小小的成功和正反馈，这样有助于我们坚持下去，不至于消耗我们的意志力。

　　第三，利用碎片时间。 有研究表明，哪怕每天做 1 分钟的高强度骑自行车训练，每周坚持 3 次，每月就做了 12 分钟的训练，也能让人的血糖水平降低 15%。现在许多健身专家都很推崇一种训练的方式叫作 HIIT，每次训练时间不长，但是强度很高，能够提高心肺功能和爆发力，而且，训练后 48 小时身体仍然能保持较高的新陈代谢率，让身体保持兴奋的状态。这个方法我也非常推荐。你会发现，如果每天能利用碎片时间见缝插针地运动，很可能根本不需要专门去健身房，运动量一点都不小。

以上就是关于如何坚持运动的 3 个建议。如果你听完后还是对"运动提升学习效率"将信将疑，那么请你猜一下：全球拥有世界 500 强企业的 CEO 毕业生最多的学校是哪一所？

不是哈佛、耶鲁、清华、北大等世界知名的高等学府，而是美国陆军军事学院，就是我们常说的西点军校。有人对这些 CEO 进行了访谈，问他们在西点军校，哪些方面的学习对他们后来的工作和取得成功最有帮助，他们一致的答案都是高强度的体能训练，这为他们后来应对繁重的工作打下了非常坚实的基础。

古希腊哲学家柏拉图曾经说过：**为了让人类有成功的生活，神提供了两种通道——教育与运动**。生命在于运动，运动是一切生命的源泉，改善你的智商、情商和心情，**让学习成绩有质的飞跃，从穿上你的跑步鞋开始**！

第**3**模块

学习品质——让方法落地

　　从这一节开始，我们进入第3模块"学习品质"的学习。上个模块我们了解了正确的学习方法，有了具体的可实际运用的操作指南。你可能刚看完时热血沸腾，但按照老师的方法做了几天后，热情消退就坚持不下去了。"不是方法不够好，而是品质不足够好"。那怎么办呢？在最后这一模块里，老师要给你讲讲坚持和落实的问题，包括学习动力、习惯养成、自主学习、时间管理、情绪管理和人际关系等内容，让你能够将学到的学习方法切实应用在每一天的学习中。人生不虚度，再好的方法也需要你的坚持和落实，我们要做到知行合一。

成为学习高手 清华博士的高效学习秘籍

① 学习动力

　　我当了这么多年老师，遇到学生提出最多的问题是："老师，我没有学习的动力，我不知道为什么要学习。"这是一个非常令人头疼的问题，被激发斗志之后可能能坚持三天，但三天后该打游戏的打游戏，该看小说的看小说。家长也很无奈，总是有一种深深的无力感，自己说的话在孩子那里就像是一拳打在了棉花上，一点反作用力都没有。

　　我一直在反思这个问题，孩子们到底为什么没有学习的动力呢？我根据我的观察给出了一个答案（并不一定正确）：我觉得多元价值观的冲击是一个很大的因素。什么意思呢？和我们年纪相仿的这一代人，基本上是通过高考来改变命运的。我们从小山村和小县城走进了"北上广"这样的大城市，我们相信好大学基本上等于好工作，好工作基本上等于幸福的人生。但是，现在读到这段文字的你就不一样了。"00后"的孩子有更多的人生选择：你们的视野和胸怀更广，出国和研学旅行是常态；成功的路径也更多元，觉得成为游戏主播或者B

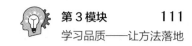
站的up主是一件很酷的事情。当然诱惑也更多，各种信息纷至沓来，各种游戏天天上架，是学习还是玩耍，这是一个问题，也是家庭亲子大战的核心矛盾。

可是，当我给出这个答案的时候，我内心觉得虽然是一种可能的解释，但并没有触及根本。为什么呢？因为，我们当年也有缺乏学习动力的孩子啊！比如，我每次过年回老家的时候，我的弟弟妹妹们就经常问我，他们没有学习动力该怎么办？我的学习动力又是怎么来的？

也就是说，多元价值观的冲击只能解释"缺乏学习动力"的人的数量因何有增加的趋势，但无法解释"缺乏学习动力"的根本原因。那究竟什么才是根本原因呢？我做了大量的调研后发现，<u>"激励－强化反应"才能从根上解释学生不爱学习的原因</u>。

所谓"激励-强化反应"，就是说正激励带来行为正强化，负激励带来行为负强化。在现在的教育评价系统里，每个班成绩好的学生一直被老师鼓励着，所以他们会越来越有信心，学习越来越好，被正强化了。那其他学生是什么情况呢？中等生可能会被忽视，差等生可能屡受批评，也就是说，大量的学生在学习中可能得不到成就感，被负强化了。所以，很多学生会在学习以外的事情上去找自己存在的价值，比如通过打游戏、组织社团活动等方式来凸显自己存在的价值。

这貌似是个无解的问题——因为我们无法改变现在的升学考试评价机制。

可是，这个问题就真的没有解决方案了吗？

我认为还是有的，虽然每个人的解决方案可能不尽相同，给出的解决方案也可能不够完美，但我还是尽我所能，查阅了大量的资料，看了很多本书，听了很多场演讲，也结合了大量的和学生谈心的心得。下面我分别从眼下、近期和未来三个时间维度来讲讲如何激发学习动力。

在讲具体方法之前，我还想给同学们说一下学习动力的生理基础。在我们大脑中，有一个叫伏隔核的地方，它并不大，就小小的一点，但是掌管着我们做事情的动力。只要伏隔核兴奋，一个人就会有干劲。那怎么让伏隔核兴奋呢？方法就是：你要开始去干这件事。开始学习，学着学着就想学了；不想写作业，只要你开始动笔了，就会越写越愿意写。这个心理学现象叫作行动兴奋，就是说通过你的行动来刺激兴奋的到来，从而让自己更有动力做一件事情。

不过，我发现激发学习动力这件事情不是靠一套方法论就能解决的，因为即使我讲了大量的道理，你可能在理智上都懂了，但是身体和情绪的认知和行动却很难跟上，那种发自内心的动力仍然很难激活。所以，这一节，需要大家自己去开悟，发自内心去思考和醒悟。

关于眼下：寻找令人信服的力量，给予学习目标感

如果你想不明白为什么学习，那你就先不要想这么深奥的问题。你现在想不明白可能是因为人生阅历还不够丰富，你对于事物的理解还处于一知半解的状态，所以**先不要想那么多，放下杂念，设定一个目标，先去努力学习。**

我自己也经历过这样的困惑期，特别是在读博的时候，一直非常消沉。在实验室日复一日的科研生活几乎每天都充满着失败，因为科研是探索性的，成功属于多次失败之后的偶然一次好运气，那段时间，我干什么都提不起热情，什么都不想做，晚上经常失眠，整夜整夜地盯着天花板睡不着觉。我想不明白人生的意义，想不明白人存在的价值，人到底是不是有自由意志的呢？但好在，我那会儿已经是成年人了，拥有了独立的自我人格，开始了自我觉醒的过程。我去图书馆翻阅了大量的哲学书，包括马克斯·韦伯、尼采、萨特等，读完之后茅塞顿开，我困惑的问题，先哲们早就想过一遍了。关于人生意义，我认为最好的模型就是"西西弗斯推石头"。

西西弗斯是希腊神话中的人物,他是科林斯的国王。他绑架了死神,让世间没有了死亡。但是,这一举动触犯了天神,天神便要求他把一块巨石推上山顶,但是巨石只要一到山顶就又滚落到山脚。这是天神对西西弗斯的惩罚,让他永无止境地做这件永远都看不到尽头的事,天神认为再也没有比进行这种让人绝望的劳动更严厉的惩罚了。

西西弗斯的命运象征着人生的困境,那么,人生一场是否就是一直在做这些徒劳无用的事情呢?西西弗斯这一生就注定没有意义吗?

不,不是这样的。西西弗斯可以不选择把石头推上顶峰作为生命的意义,而把每一时、每一刻的勇敢无畏和勤奋努力作为意义,用无尽的斗争去对抗生命的虚无。人生就像在做微积分,每一刻的努力都是小小的微分,最终人生的意义是你的积分,而不是那个最终到达点。

引用加缪的一句话:<u>登上顶峰的斗争本身就足以充实人的灵魂。所以,西西弗斯是幸福的。</u>

每次看到这里,我都会热血沸腾,包括尼采的"超人说"和视角主义、萨特的虚无和自由等,成年后的我,已经有了一些生活阅历,读起来也是一知半解。但是对于你,小小年纪,由于缺乏阅历,这些

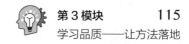
问题可能是很难想明白的，读这些深奥的哲学书也许更无法体会其中深意，那就先不要想，按照老师说的先去做，活好每一个当下，做好每个当下该做的事情，全力以赴做最好的自己，对结果看淡一些，就可以了。

另外，我再介绍三种激发学习动力的方法，但注意，这三种方法不一定适合每位同学，这种找到动力的方法也是因人而异的，这里只是提供三种可能的思路，供你借鉴，你要找到自己的方法：

第一种方法，可以在班里、年级里或者学校里找一个你佩服的同学，设立一个自己的role model（学习的对象）。 这个role model其实就是物理里面所说的参照系，就是你要向谁看齐，注意，你选择了谁作为你的参照系，也就决定了你自己的段位水平和能达到的高度，你和谁比就决定了你可能成为谁。这里的"比"不是攀比，不是抱着一种竞争的心态，恨对方为什么成绩比我好；这里的"比"是对标，是让你清醒地看到差距，这种差距有可能是学习方法上的，也有可能是学习习惯上的。让你有动力迎头赶上，逐渐缩小差距。当然，这种过程会让你心累，万一追不上会让你更加沮丧，所以这种方法不一定适合每一个人。

第二种方法，情绪也可能成为我们学习道路上前进的动力。 其实，无论是积极的，还是消极的情绪，都可以成为我们自身的动

力。给大家讲讲我自己的故事。我自己的学习动力就来源于从小激烈的竞争环境，总担心自己落后，总想要赢。这种动力背后的实质其实是害怕和担心的情绪。其实，无论是积极的，还是消极的情绪，都可以成为我们自身的动力。比如：小明喜欢一个女孩，想证明给这个女孩看，"想证明自己"可以成为一种动力；小明嫉妒好朋友的成绩比他好，那么"嫉妒"也可以成为一种动力。我有一个好闺蜜，她的人生一帆风顺，从小一直都是年级第一，然后保送北大光华管理学院，现在在某大投行做副总裁。她说让她努力的最大动力就是不想让别人看不起她。情绪没有好坏，我们要懂得适度调节，把像嫉妒、担心、恐惧一样的坏情绪转换成前进的动力，这样何乐而不为？

第三种方法，每天夸夸自己，给自己树立信心。 每天早上起来，对着镜子中的自己说，我最棒！这种方法看起来像是自我安慰，但是很管用，它在潜意识里告诉你自己，不用受外界评价的影响，你自己觉得你是最棒的，那就是最棒的。不断地夸自己，是建立正反馈的一种有效方式。其实人类本质上是一种情感动物，就像很多心理学家认为的那样，理性的底层代码其实是受情感操纵的，理性只不过是感情的工具，感情才是真正的决策者。所以我们要利用好感情这一工具，不让外部评价影响自己的心智，让"自我认同"的模式成为前进的动力。

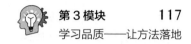
关于近期：保持自己的好奇心，给予学习可控感

动物都有好奇心，为了寻找食物和异性伴侣，每个动物都有离开舒适区探索新世界的冲动。而人类和动物不一样的是，人类对知识也有好奇心。哪怕这个知识和食物没关系，只是一个非常抽象的东西，比如一个数学方程，我们也可以对其产生强烈的好奇心。学会一个新知识，你会获得极大的愉悦感。啊，我以前不懂这个道理，这回搞明白了，恍然大悟，原来这么回事儿！跟我想的太不一样了！哈哈，这个认知的更新感觉太棒了。英文世界把这种感觉叫作"mirth"，意思是欢乐和喜悦，就像胡适先生说的那个"欢喜"：**"怕什么真理无穷，进一寸有一寸的欢喜"**。

而且，好奇心可以增加我们的记忆，两者是相辅相成的，好奇心越强，就越愿意去学习，记忆的东西也就越多；另一方面，随着记忆的东西逐渐增加，所产生的好奇心就越来越多。当我们形成这种正强化的反馈后，学习自然也会更有动力。

保持好奇心的关键是保持合适的学习速度。如果把学习比喻成开一辆蒸汽火车，好奇心就相当于蒸汽机的节流阀，它的作用是保持发动机内部的压力。压力太小，节流阀就收紧，让压力增加；压力太大，节流阀就放开，释放压力。蒸汽机压力不变，火车就匀速前进。学习也是这样，我们希望学习能够按照最适合自己的那个速度匀速前进。

讲到这里，你是不是突然想到了前文中讲过的"三区理论"和"15%学习意外率"。是的，**好奇心是由"你想知道的知识"和"你现在已经知道的知识"之间的那个差距决定的**。差距太小，你可能会觉得无聊，希望差距再大一点；但差距太大，你可能又会感到茫然。我们要注意控制和把握自己学习的节奏，采用适当的方法将学习意外率调整到15%，对自己做到"因材施教"和"个性化辅导"，这样我们学习起来会有一种可控感，学习也更加有动力。

速度主要由智商和基因决定

好奇心是由合适的学习进度决定

动力主要由好奇心决定

学习的能力 = 学习的速度 × 学习的动力

谈到未来：寻找值得追逐的梦想，给予学习意义感

我在日常教学中，会鼓励学生，但不会去刻意表扬他们。因为这种"老师的小红花"其实属于"外部激励"，这代表别人对你的认可。可是，当为了得到别人给的荣誉而努力把一切都做对的时候，我们可能就已经丧失了自我。当你被外界认可的时候，你的大脑会释放多巴胺，这确实能给你带来快乐。但是，它非常短暂，每次胜利带来的幸福感都是暂时的，你很快就会渴望取得下一次胜利，它会让你陷入疲于奔命的状态，不停地追求下一个胜利和别人的认可，那样就永远都

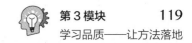
别想"从此过上了幸福的生活"。而**真正幸福的人生是来自内部驱动的，就是说通过从事某一种有意义的活动，把自己的全部潜能都发挥出来，完成了终极的自我实现。**

所以，我想说的是，**任何的外在成绩都不能定义你，你内心强烈的渴望、你对于自己的认同、你对于自己追求事物的肯定，这些才是学习真正的、根本的动力。**

动力其实是内生性的东西，比如梦想，追求生命的意义其实就是一个自我驱动的过程。拥有梦想是一件非常有力量的事情，人一旦有了梦想，什么事都能做得成。我读博士生期间的老师、清华大学的施一公教授一直是我非常崇拜的人，他就是一个有梦想的人，也一直是我的精神丰碑。他2008年从普林斯顿大学放弃了很多优厚的待遇毅然回国，一心一意要为我国的科研事业培养人才，并希望能打造中国最好的研究性私立大学，于是跑去杭州筹建了中国第一所科研型的民办大学——西湖大学。所以，人一旦有了梦想，所有的艰难险阻其实都不在话下，关键就是要找到人存在的价值，激发自己内心的使命感和责任感。我们长远的动力一定是来源于梦想，来源于实现自身价值的渴望。

我每次在高一新生的第一节班会课上，都会给学生们发一张白纸，让他们思考一个问题：如果现在的你，给未来100年后的你写墓志铭，

只允许写三句话，你会写什么？**这其实是在培养学生一种向死而生的心态，让他们想想怎么过每一天才能活得更有意义。而当你站在人生终点再回头看，你的视野会开阔很多，许多当时看来的重大失败和挫折都成了不值一提的小事情，考试的成绩更不会成为你人生的终极目标。**每次上这样的班会课时，学生们总是写得很认真，而在他们写完之后，我也会帮他们存入信封中密封起来，告诉他们我会给他们保存30年，之后再原封不动地寄给他们。

通过这样的追问，青春的少年在不断叩击自己的灵魂，同时给出自己对于人生意义的答案。他们会和我讨论，到底怎样的梦想才值得追逐？到底怎样的人生才是有意义的人生？是他人对自己的认可呢，还是自己去追求想要的生活呢？比如大家都知道金融专业的毕业生，收入可能相对较高，但是你却喜欢艺术，那你大学选择专业的时候是要选择金融专业、去追求别人眼中所谓的成功呢，还是在艺术的道路上一路走下去、坚定自己内心的向往呢？

这确实是一个并不容易给出正确答案的问题，因为每个人的家庭条件、现实环境都不同，不可一概而论。但是，我确实想和你说，如果条件允许，请追寻你自己内心的想法，就像乔布斯所说"follow your heart"。人生的意义感是由内心的渴望和动力滋生的，这属于内部驱动。追问人生意义的关键问题是：**我自己是否愿意全力以赴去完成这件事情？所有的出发点都是要满足自己，让自己觉得**

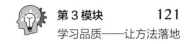

满意。

自我实现的最高境界是把自己毕生想要完成的事业与社会需求和人类命运联系在一起，那样你会突破小我的束缚，有更大的责任感和使命感去完成一项伟大的事业，因此也会获得更大的幸福感。就像马克思在《青年在选择职业时的考虑》一文中说的，"如果我们选择了最能为人类幸福而劳动的职业，那么重担就不能将我们压倒，因为这是为人类而献身。那时，我们所感到的就不是可怜的、有限的、自私的乐趣，我们的幸福将属于千百万人，我们的事业将默默地，但是永恒发挥作用地存在下去，面对我们的骨灰，高尚的人们将洒下热泪。"

相信看完这一节后你会有所思考，这里给大家提供了寻找学习动力的三条可操作的建议：眼下有目标，近期有好奇，远期有梦想。寻找动力这件事不是一件简单的事情，但你一定要去寻找，因为这可以支撑着你过好这一生。

② 自主学习

2020 年，突如其来的新冠肺炎疫情打乱了我们的学习节奏，很多同学都在家里进行学习，而在家里学习特别考验大家自主学习的能力。有句话叫作"不怕学霸成绩好，就怕学霸过暑假"，因为一到假期，学霸们就会安排好自己的时间，给自己制订周密的学习计划，让自己的成绩突飞猛进。如果自己的孩子没有自主学习的能力，家长们就会很焦虑，有的家长认为唯一的解决方案就是在寒暑假中给孩子多报几个补习班，让课外班的老师看着孩子学习。

这样的解决方案简直令我窒息，这真的是理想的解决方案吗？这是不是饮鸩止渴呢？学生通过不断地被"监视"，通过记忆知识和大量做题，是有可能取得不错的成绩，但是，他们可能会逐渐对学习失去兴趣，失去动力，精疲力竭，这样的学生长大后真的还会继续学习吗？我们真的培养了学生独立学习、终身学习的能力吗？

我在不断地反思，这一节的内容更是没有标准答案，我希望和你

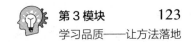

一起探讨，我们为什么要培养自主学习的能力，以及如何培养自主学习的能力？

● **我们为什么要培养自主学习的能力？**

工业革命以后，需要大量的可复制的产业工人，所以，成建制的学校教育便得以开展，好几十个学生老老实实地坐在教室里听老师讲课，每所学校里老师讲的内容大同小异，这其实是大规模普及教育特有的模式。课堂教学显得非常被动，就像看电视一样，像是没有快进键、不允许跳跃的视频播放。老师要求全班同学步调一致，而这个步调，是参照水平中等偏下的同学设定的。如果老师善于教学，还可以设计一些互动环节，或者讲讲自己对教学内容的独特理解，想办法让学生保持兴奋。而如果老师教学能力一般，这样的课堂将是枯燥而单调的。

因为我们都是从小就这么学，以为学习就应该是这样的。但学习为什么非得这样呢？坚持45分钟全神贯注地听讲是很难的，孩子们很难保持那么长时间集中注意力。如果做不到因材施教的个性化学习，课堂教学将变成一种压迫式的学习方法。现代教育系统还有很多需要优化的地方，有的大学和中学已经开始尝试进行一些自主学习的改革。

比如，我去年翻译了一本书，叫作《准备》（*Prepared*），书中介绍了美国的萨米特中学教育创新的例子。这所学校的学生大多是自主学习，学生在家先从网上看自己要学习的课程内容，可以自由掌握学习的速度和进度。有的学生普通化学课可以在一个学期内学完，但有的学生也可以拉长战线，根据自己的课程安排和课程挑战性的大小来自主决定学习的节奏。然后他们会预约学校的老师，把没有学懂的地方集中起来问明白；老师的作用不是讲解，而是起到一个答疑解惑的作用。在这个学校里，没有一个学生不想上学，绝大多数毕业生达到了四年制大学的录取标准，而全美平均水平仅为 40%。

所以，你看，**自主学习是一种以我为主的态度，它让你对学习和生活具有掌控感，你自己决定学什么。你自己选择学习材料。你自己掌控学习节奏。你自己把关学习成效。这样才能真的把"要我学"变成"我要学"。**这不仅会让你在中学阶段受益，而且会让你终身受益。终身学习是一种修行，自学是唯一的途径。一个需要什么就能学什么、学什么就能会什么的人，是哪个大学、哪个老师都教不出来的。在这种学习模式下你必定能成为一个高自尊的人，对生活有强烈的掌控感，无所畏惧，游刃有余，宠辱不惊，这比任何学历证书都更令人尊敬，而且更容易取得成功。

● 我们怎么样培养自主学习的能力呢？

丹尼尔·平克在其畅销书《驱动力》（*Drive: The Surprising Truth about What Motivates Us*）中提到，**自主学习其实是内驱力的基础**。自主意味着你有一定程度的控制权，这样会使得你发自内心地想要完成某件事情，这和我们上一节中提到的内容是一致的。比如，我在博士期间的一个课题研究中，需要用到一个数据分析的软件 MATLAB，可是我从来没有用过，那怎么办？我要做的是上网找个最简单的教程现学现用，需要用到哪些功能就学对应的教程，不用都看，不用都学会。这其实才是自学的常态，遇到问题时，学习如何解决问题，现学现用才是学习的原始冲动。这种自主学习的能力都属于"软技能"。对世界 500 强企业的 CEO 的某项调查表明，他们长期的职业成功，75% 都来自软技能，而只有 25% 来自专业技术技能。

那自主学习的能力如何培养呢？美国教育家苏珊·克鲁格提出过一个"成功教育金字塔"理论，认为想成功地自主学习，你必须先做好准备，**这个准备包括两点：一是阅读能力，二是自我管理的能力**。

先说阅读能力。阅读能力是我们终身受用的重要能力之一。我有一个做天使投资人的好朋友告诉我，创投圈很重要的一个能力就是识人的能力，所以，他做了大量的人物研究，读了大量的人物传记。他

给我讲的一个小故事，让我记忆犹新，我也拿出来和你分享。

《黑天鹅》（*Black Swan: the Impact of the Highly Improbable*）一书的作者纳西姆·塔勒布，不仅是一位畅销书作家、一位非常优秀的投资人，而且还是纽约大学的研究员，可谓人生赢家。那他是怎样做到如此出色的呢？

纳西姆·塔勒布出身于黎巴嫩的名门望族，祖父一代很有声望。他的父亲是黎巴嫩的全国高考状元，不过老塔勒布对自己的状元身份非常不以为然，因为他不是全班最有出息的学生。老塔勒布毕业于黎巴嫩的一所精英高中。他们班倒数第一名的学生，白手起家经商，成了全班最成功的人；另一个成绩排名比较靠后的学生，去非洲做木材生意，在 40 岁之前实现了财务自由，后来还成为历史

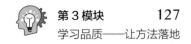

学家。

老塔勒布感慨，成绩好不能决定一切，成为状元并不意味着未来一定成功。所以，老塔勒布没有送儿子进精英高中，他给了小塔勒布两个选择——要么努力赚钱，要么认真做学术，因为他对儿子有更高的期待。

小塔勒布选择了认真做学术。他认为学校里教得太窄也太浅，决定不过分追求优异的成绩，只花最小的精力取得学位。他把大量的时间用于自学，他每周阅读 30 到 60 个小时，而且阅读范围非常广泛：先是文学，然后是数学和科学，然后是历史和哲学。就这样，他拿到了高中文凭，然后 18 岁移民美国，继续这种马拉松式的学习，而这并没耽误他拿到巴黎大学的本科学位和沃顿商学院的 MBA。在沃顿商学院，小塔勒布很喜欢概率和风险管理的课程，但是他觉得老师对一些课程内容只是照本宣科，并没有真正理解，所以讲不明白。可是由于他自己的数学也不够好，所以也说不出来哪里不对。于是，他做了一个非常大胆的决定，买来了大量包含"概率"和"随机"字样的书，用了 5 年时间专心研究随机现象。就这 5 年，奠定了他一生的事业，因为世界上没有第二个人比他更懂"概率"和"随机"，所以《黑天鹅》一出版，马上成为全世界的畅销书。

这个例子让我深受触动，而且我的那位投资人朋友说，塔勒布并非特例，**很多成功人士都是阅读能力和自主学习能力极强的人，因为他们需要不断突破自己的认知局限，让自己不断进化和迭代**。我一直觉得只追求分数的教育方式是有问题的，但是我并不知道如果不按照既有的教育方式做，我们能怎么做。现在我知道了，那就是大量阅读对自己有益的书，这是一条通往成功的捷径。

阅读能力，从字面上说，就是指给你一本书，你要具备从中获取想要的东西的能力。而阅读能力也分为三个级别，第一级：理解概念层面，阅读一段文字，或者听一节课，你要能抓住它的要点；第二级：理解框架层面，比如对于一个问题，你能否从一堆书中找到答案；第三级：理解方法论层面，建立自己的具有完备性的实体系统。

其实就是从"概念—框架—方法论"的层级递进。这么说有点虚，给你举个我自己的例子。比如，对于我而言，生物学博士，从来没有接触过金融的知识，但是小到家庭理财、大到理解金融危机，其实每天都要和金融打交道，那怎么办呢？有事没事翻一本 CFA 的书来看，先对存款准备金、降息降准、影子银行、MLF 之类的概念产生理解，然后逐渐建立自己关于金融学的知识框架，理解这些东西到底和我们的日常生活有什么关系，最后就掌握了这个学科的底层逻辑和方法论。比如用复利的角度去看待世界，用长期主义的思维方式去坚持值得做的、对的事情，这就彻底掌握一门学科了。

如何阅读一本书呢？有一本书的名字就叫作《如何阅读一本书》，非常畅销。我自己读完，收获也很大。这本书不仅让我学会了如何去读书，更启发我如何教学生去读书，在此也和你简单分享一下。如果你对怎么阅读一本书感兴趣，可以认真读一下这本书。

阅读分为四个层次，不同层次的阅读方法也是不同的。

第一层次，是基础阅读，是指孩童式的阅读方式，或者读不熟悉的外文书的方式。在这种方式中，认字胜过读义，这是最低阶的阅读。

第二层次，是检视阅读，就是系统化略读。我对很多书都是这样读的，称为"刷书"，它不是让你去精读一本书，而是为了获取更广泛的信息，让你的阅读范围更广。"刷书"也是有方法的，先看目录，理清楚这本书的逻辑关系后，再看序言或者第一章，明白这本书大概在说什么，然后只需要看每一章的小标题，清楚作者的观点就可以了。

第三层次，叫作分析阅读，它追求阅读的精细程度，就是当你对某一本书的观点很感兴趣，希望了解作者是如何得出这样的观点的时候，就需要进入细节去分析作者的逻辑。首先确定作者想要解决的问题，知道书中关心的是哪些方面的主题。然后将主要部分按顺序与关联性列举出来，并尝试诠释作者的关键字和重要语句，抓住作者的重要主旨。最后，使用最简短的文字说明整本书在讲些什么。

第四层次，是主题阅读，也叫比较阅读，就是列举出同一主题的书的相关性。这个时候，你就对有关这一主题的各个流派的观点了如指掌，批判性地吸收各方的观点，像一个帝王一样指点江山，甚至能提出你自己的观点。这个层次的阅读就进入了"建立连接"的创造状态了。

我建议你，在还没有到初三和高三非要大量做题及应试的时候，多花一些时间读书。读什么书都行，建立自己文本阅读的能力。关于这个话题，我会在后文中详细介绍。

第二是自我管理能力。自我管理的范围其实很大，但其中最重要的能力，是**目标管理**。

我要给大家介绍目标管理中最常用的方法，也是像英特尔（Intel）、谷歌（Google）这类大公司使用的方法，叫作OKR（Objectives and Key Results），即目标与关键成果法。它分为三步。

第一步，设定目标（O）。设定目标需要注意：（1）一定是自己制订的、出于自己意愿的。这样我们才愿意为自己设定的目标而努力，有一种自己做主的感觉，这才是达成目标的最大的动力基础。
（2）目标务必是具体的、可衡量的，具体到时间、数量、金额等，最
好量化为数字。（3）目标要是有"野心"的，有一些挑战的，有点让
你不舒服的。那些能够顺理成章或没有太大挑战即可达成的目标是不
能作为O的。（4）目标不要一次定得太多，最多5个，否则是没有办
法落地的。比如，我英语不好，现在是70分，我希望提升我的英语成
绩，期末的时候能拿到90分；90分这个目标是我自己愿意为之努力的
目标，虽然对于我有点高，但我会尽力去做，也许最后能达到85分。
而如果我最开始设置85分，我非常可能只拿到80分，所以目标一定要
有挑战性。

第二步，明确每个目标的 KRs，即从目标到"关键结果"的分解，
也就是为了完成这个目标你必须做什么？为了达到这个目标，你打算
如何做？可以给自己设定完成的时间，设定可量化的成果等。还是拿
提升英语成绩举例，我想要英语考 90 分，而现在只有 70 分，那么第
一个小目标就可以是增加每周的单词量和阅读量，提高到 85 分；第一
个小目标达成之后，再设定第二个小目标，把写作文的水平提上去，
那么说不定 90 分也没那么难达到了。通过拆分目标，我明确了要实
现目标所要达成的关键结果：在单词量和阅读量以及写作水平上进行
提升。

第三步，推进执行，确保结果实现。这时候要制定可执行、可落

成为学习高手 清华博士的高效学习秘籍

地的方案。还是拿背单词的例子来说，为了提升单词量，我要求自己3个月之内背完托福3500个单词。根据前面所说的间隔原则，我把"3个月"这一时间和"3500个单词"这一数量在背单词软件中设定好，同时要设立检查和监督机制，要求自己每天必须背完才能睡觉。定期检查以便及时发现问题，调整一些错误。比如，在一周之内有2天没有完成单词背诵计划，是什么原因导致的？以后还会不会出现类似的情况？如果出现，怎么克服困难，完成该做的事情？

　　这一节没有标准答案，但希望引起你的思考：为什么自主学习对于现在的你和将来的你都那么重要？怎么才能培养自己自主学习的能力？希望看完这一节，你能够列出自己的目标和行动计划。

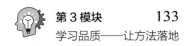

③ 时间管理

这一节将给大家介绍培养自主学习能力的另外一个非常重要的方面——时间管理。美国心理科学学会曾经发表过一份专家调研报告，题目是《自律比智商更能预测孩子的学业表现》。在报告中，心理学家跟踪了 140 名美国八年级学生（相当于中国初二的学生）的在校表现后发现，一个孩子是否自律，在很大程度上影响了他的 GPA 和 SAT 的成绩以及被热门高中录取的概率。这个结果有没有颠覆你的认知？在学习中，**智商对于成绩的影响因素是要远小于自律能力的。**

美国顶级管理大师德鲁克曾经说过："一个人不会管理时间，便什么也不能管理。"在德鲁克看来，学会管理时间是每个人都应具备的自律能力。我观察过一些学习很好的学生，他们的时间颗粒度是非常细的。比如我们学校在中午第 4 节课和第 5 节课之间会有 15 分钟的休息时间，一些学生会趁这个时候跑去食堂把饭吃了，这样就可以省去中午吃饭时排队的时间，省下的时间用来温习上午学习的内容和完成作业。我虽然不推荐同学们这么匆匆忙忙地去吃饭，但这些学生时间管理的意识是非常值得学习的。由于他们懂得合理分配时间，像挤海绵一样挤时间，把每一分钟都用到极致，所以学习成绩自然会很好。

实际上，时间管理也是许多大人非常关心的话题。我看了大量关于时间管理的权威书籍，包括《要事第一》《高效能人士的七个习惯》《有序：关于心智效率的认知科学》等，总结了几条重要原则，在这里分享给你，希望能给你一些启发。

首先是时间管理方面最重要的一个思维方式，"first thing first"，要事第一。

先给大家讲个故事。在一场酒会上，美国钢铁大王安德鲁·卡耐基认识了一位名叫弗雷德里克·泰勒的20多岁的小伙子。卡耐基抽着雪茄，问泰勒是干什么的。泰勒说他是搞管理的。可是那个时候还没有管理学（因为是泰勒开创了科学管理学，所以他被称为"科学管理学之父"）。卡耐基说：那这样吧，你给我说一句话，如果我觉得对我做管理有启发，我可以给你一万美元的奖励（那个年代一万美元可值钱了）。

对这么一个功成名就、富可敌国的大企业家就说一句话，还要对

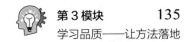

他有启发，现在假设你是弗雷德里克·泰勒，你会跟他说什么呢？泰勒当时是这样说的：你现在拿张纸，把你认为最重要的 10 件事写下来，然后挑出其中你认为最重要的那件事，然后把其他 9 件事去掉，只做这件事。于是，泰勒得到了这一万美元的奖励。

为什么卡耐基会认为泰勒的这句话值一万美元？因为，"要事第一"的原则能让卡耐基从纷繁复杂的各种琐碎的管理事务中抽离出来，看到对企业经营管理最重要的事情。事实上，"要事第一"不仅适用于企业的经营管理，也适用于对自己的管理。

美国管理学家史蒂芬·柯维在他的《要事第一》（*First Things First*）一书中，将这个原则扩展成了时间管理的"四象限法则"，告诉我们应该有重点地把主要的精力集中在处理那些重要但不紧急的工作上，这样可以让我们防患于未然。大家可以看图，x 轴是紧迫性，y 轴是重要性，从而形成了 4 个象限。

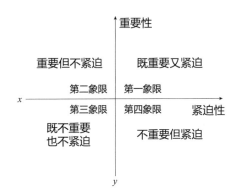

成为学习高手 清华博士的高效学习秘籍

　　第一象限是既重要又紧迫的事情。这个象限表示当下非常重要且紧迫的事情，比如你当天需要完成的作业、马上面临的期末考试等，解决的方法是马上去做，不要拖延。

　　第二象限是重要但不紧迫的事情。意思就是说这个任务很重要，但没有时间期限的压力。比如，你要求自己每天都要背单词，做好长期的积累；你要制订未来的学习目标和计划；你要锻炼身体等。那应该怎么处理这类事情呢？方法是每天都要留出时间，雷打不动，重点去做。

　　第三象限是既不重要也不紧迫的事情。意思是说浪费生命或消磨时间的事情，比如沉迷于毫无营养的电视剧、玩电子游戏等。这个象限中的事情能不做尽量不要做。尤其在你学习压力大的时候，你觉得需要做这样的事情来放松或缓解压力，但是，科学研究表明，这些事情其实并不能起到放松身心的作用，因为它让大脑产生了额外的强烈刺激；刚开始时你也许感觉有滋有味，但到后来你就会发现身体不仅没有得到休息，反而更累，而且也会很空虚。

　　第四象限是不重要但紧迫的事情。意思就是说这件事情对自己而言并不重要，只是小事情，但有完成时间的限定或者他人的催促。比如，因为某项比赛的截止日期临近，朋友需要帮手，拉你加入一个你并不愿意参加，但是又抹不开面子拒绝的比赛。这类事情因为时间紧

迫，会让我们产生"这件事很重要"的错觉，但实际上就算重要，也是对别人而言。很多时候，我们花费了大量时间在此象限的事情中，大多数情况下不过是在满足别人的期望与标准。那么，对于这一类事情的解决方案就是你要学会说"不"。这一点很重要，要让自己知道什么值得花时间。让朋友真正了解你的想法是不会损害两个人的友情的，要明确友情的边界，它意味着让你清楚自己真正想做的事情是什么。

知道了"四象限法则"后，具体怎么行动呢？我根据平时指导学生的实践经验，给同学们一份具体的时间管理行动指南，让我们从制订周计划开始。GTD（Getting Things Done）的精髓就是Done。找一个"外部系统"去记录在什么时间、什么场合要做什么事情，而不要用自己的脑子记。脑子是用来想事的，不是用来记事的。比如日程管理本、手机自带的日程记录本等，用这些可靠的"外部系统"帮我们来确定学习安排和规划，你的效率就会提高了。

好了，现在装备齐全，下面我们看一下怎么制订学习安排和日程表，老师教你三个步骤。

第一，列出你最近一周要做的所有事情。比如上课、复习和写作业、写日记、锻炼身体、和好朋友一起出去玩、看短视频……然后按照事情的重要程度进行分类。重要且紧急的事情是：上课、复习

成为学习高手 清华博士的高效学习秘籍

要做的事情太多怎么办？
1. 列出最近一周要做的所有事情
2. 优先处理重要的事情
3. 控制好不重要事情的时间

和写作业，重要且不紧急的事情是写日记和锻炼身体，不重要但是紧急的事情是和好朋友一起打比赛，不重要也不紧急的事情是看短视频。

　　第二，优先处理重要的事情。你把时间看成金钱，把一天的 1440 分钟看成 1440 块钱，如何使用好这笔钱，会导致完全不一样的人生。首先，我们要积极主动地处理重要且紧急的事情，比如上课认真听讲、课后认真复习和写作业等。其次，我们要将时间大量投入到重要但不紧急的事情上，比如写日记、背单词等，这有助于我们将很多紧急但并不重要的事情扼杀在摇篮里。

第三，控制好处理不重要事情的时间。最后，对于不重要的事情，不管是紧迫还是不紧迫，比如好朋友的临时邀约或者看短视频，处理这类事情都要限定和控制好时间，不要任由别人、手机或者其他电子设备来侵占自己的时间。比如看短视频，可以考虑将时间限定在 30 分钟，不要任由自己一下子在上面花掉 3 个小时甚至更多时间，最后头晕眼花还没有价值输入。

我们现在根据"四象限法则"，分析清楚了这一周内都有哪些要做的事情。下一步我们需要把这些事情填充到每一天的具体安排之中，为每项活动分配时间。例如，每天 6：00 起床，起床后跑步半小时，然后回来冲澡、吃饭；7：00 出门上学，8：00-17：00 都在学校上课，中午休息时间背半个小时单词；17：00 放学后，回家写作业到 21：00；21：00-21：30 写日记、总结当天的所思所想，然后刷牙冲澡，22：00 上床睡觉。制订计划的目的是让你能够形成节奏。保持节奏很重要，这样能让我们的学习和生活总是处于一种具有掌控感的过程中。每个人的节奏不同，就要根据自己的安排来进行调整；同时，制订计划的时候要给自己留一些弹性，不要每个时间段都排得满满的，否则万一完不成就会导致计划中断，信心丧失，反而坚持不下去。以结果为导向，每天写日记的时候总结一下自己的完成情况和完成效果，这也是一种非常好的思考和反馈的方式。

现在，各位同学知道怎么制订计划了，那制订后还要能施行才行，对吧？怎么保证计划能顺利执行呢？

我觉得自己可以算是时间管理的高手了，能非常高效地完成很多事情。比如，我在带高三两个班的课程、作为年级副组长在处理各种各样的年级事务的同时，还翻译出版了一本书，还开发了一门学习方法的课，还要保证每天的睡眠、运动和陪孩子的时间。同事经常惊讶于我的时间管理能力。这里就先给同学们介绍一下我自己做时间管理的方法。

首先，我一定要先准备一个日历本，大家也可以使用电子日程管理工具，只不过我不想老看计算机和手机屏幕，所以就选用了纸质的日历本。

其次，我在每个月的月初会列出这个月最重要的一件事情，比如我列出我11月份需要完成全国课题的开题任务——这件事很重要，尽管它不紧急。然后，我会把开题任务这件事情分解为若干任务，比如需要写完开题报告、联系开题的与会专家并搜集职称证书、向学校安全部门报备并填写疫情防控问卷、写会议日程并通知全校相关人员参与会议等。然后把这些事情分拆到每个星期，一个星期做一件拆分出的事情，要求自己在这个星期内必须完成这件事情。这样，就会让我感到很从容，做起事情来比较有节奏感，不会在最后关头熬夜通宵赶报告。

最后，在每周必须要完成的事情定下来之后，我就会把其他事情的时间安排填充在日程表中，比如上课时间、锻炼时间、读书时间、陪孩子的时间等，要利用好每一分钟。不过，不要列得满满当当的，每天都给自己一定的空闲时间，比如半小时左右，因为有时需要时间处理一些突发事件。如果没有突发事件，我会把这段时间用来做心灵massage，要么写日记，要么做冥想，让自己的头脑得到放松。

除此之外，我再给大家分享几个小窍门。

1. 以积极的心态开始每一天。每天早上起来运动，能让自己一天都是精神抖擞的状态。洗漱的时候，在镜子里对自己微笑，告诉自己"我能行"。其实，心理会影响行为，而行为也可以反作用于心理，微笑的表情和给自己打气的语言能在潜移默化中影响自己，让自己更自信。

2. 一次只做一件事。多任务同时进行，最终只会得到两个或者更多次优的结果，一次只做一件事情的效果会更好。比如，不要一边听音乐一边写作业，要专注于每一件事情，让自己进入心流状态。多线程多任务的操作适合那些不重要的事情，对于学习这样重要的事情只能专心去做；如果想听音乐的话，那就不要学习，专心去听音乐好了。

3. 设定 deadline（最后期限）。我们学生都说，deadline 是第一生产力。哪怕学习任务本身没有截止日期，也要自己给自己设定一个。我们犯下的最大错误之一就是认为："它自动会完成的。"其实不然，明日复明日，明日何其多。只要没有 deadline，我们都会倾向于晚一点完成。

4. 随时清除小任务。一般来说，如果我们只关注重要的事情，那就意味着很多小事没法处理；但是当小事越积越多，就会带来麻烦。如果把大脑比作电脑，那么这些事情是超级占我们的内存空间的，会让你觉得有很多事情还没有做，感觉非常疲惫。解决这个问题的办法是遵循5分钟原则，也就是说，如果完成某件事只要5分钟，请立刻处理它。所以，大家注意，能处理的事情，最好每天抽出特定的时间来处理这些小事；要立刻处理，而不是积累起来。

好了，这一节中我给人家讲了时间管理的"要事第一"的原则和方法，手把手地教大家怎么制订计划，以及执行计划的几个小窍门。希望同学们在平时的学习生活中能够运用和实践。

④
"预习—听课—复习"学习闭环习惯养成

上一节给大家讲了时间管理的重要性和"要事第一"的原则与方法，这一节我来给大家聊聊学习习惯养成的方法。良好的学习习惯其实体现在从预习到听课到复习这个闭环的各个环节。在我们平时的学习中，如果能很好地完成这样的闭环，你的成绩一定会非常好。

一、怎么预习

很多人上课效率不高，是因为没有做好预习工作。经常是老师讲课的时候前面听了几分钟，然后一走神，后面就接不上了。这导致本应在课上解决的问题，留到了课后；如果课后还没解决，长此以往，你的知识网络就会形成很大的漏洞，后面需要花很长的时间才能补上。

为了避免这个问题，一个比较好的解决方法就是提前预习。我当学生的时候有个习惯，如果暑假就发了下学期的课本，我在暑假的时候就会自己先把所有的书浏览一遍，这样就对下学期所学的内容有一个总体的概览和框架式的认识，做到了胸中有丘壑，不会迷失在茫茫细节之中。

开学后，每天不用花太多的时间，在每天复习完成并做完功课后，用 15 分钟再把第二天要学的知识浏览一遍，知道哪里是难点（就是我们之前提到的学习区），做好标记，记得第二天上课时认真听讲就可以了。**预习的目的就是对知识本身有一个大概的了解，对知识与方法有一个初步的认识和感觉。**

另外还有一个办法是先测验后学习。对于某个你还没学过的知识点，先做测验你肯定非常容易做错，但是我们要的就是这个效果，因

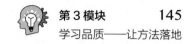

为犯错能让你对这个知识点的印象更深。特别是当你很自信，坚信你的答案是对的，结果发现它不对的时候，你的印象就会非常深刻，你也就很容易记住这个知识点。

二、怎么听课：记笔记＋学会提问

大家还记得之前讲过的"学习金字塔"理论吧？"学习金字塔"理论里面提到，其实上课听讲是知识留存率比较低的学习方式。虽然现在大量的教学实践和设计已经逐渐在改变，但是不可否认，其实"老师讲、学生听"仍旧是上课的主流方式。那我们有没有办法让本来较低的听课效率提高呢，怎么能够让 40 分钟更高效呢？

有两个办法。一是认真记笔记；二是学会提问。你可能觉得：老师，这么老土的办法我也会。等等，先别急，你一定要认真看完，看看你是不是真的会。

首先来看怎么认真记笔记。我教给大家一个方法，叫作**康奈尔笔记法**，它是由康奈尔大学的沃尔特·波克博士发明的。

在笔记本的右上侧，最大的空间"笔记栏"，是我们平时记笔记的地方，你按照平时的习惯记录就行了。注意不要逐字逐句地记录老师的话，也不要大段地摘抄课本，否则上课跟不上老师的节奏。建议

成为学习高手 清华博士的高效学习秘籍

康奈尔笔记法

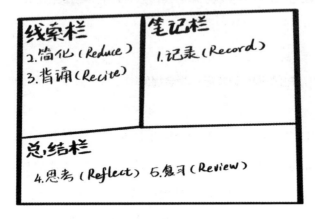

可以多用符号标出来，比如用星星代表最重要的内容、用问号代表上课没有听懂或者有疑问的地方、用三角代表课后要查找的资料等。

　　左边那竖着的一条空间叫作"线索栏"，是用来归纳右边的内容的，其实就是"关键词提取"的过程。这一栏不用着急在听课的时候记录，而是留给你课后填写的。比如我们学完了圆柱体的体积公式和推导过程，那么晚上回家后，你重新浏览一次课堂笔记后，就在左边写下"圆柱体体积公式"这个关键词。"线索栏"完成的时间期限是上完课之后的 48 小时之内。这样，一方面趁着余留的记忆快速提炼了所学的内容提纲，另一方面也加深了对知识的二次吸收。

　　下面的"总结栏"是用来做总结的，不过这一栏中你写的内容就要比"线索栏"中的更精练，只用一两句话就要把这一页记录的内容都概括出来。填写总结栏的时间要比线索栏更迟一些，可以是一周后，或者是学完一个单元后再来填写。填写总结栏时最有效的方法就是用右手挡住记录区的内容，看着左边的线索区，顺着关键词去回忆一下老师在课堂上讲了什么内容。一定要能用自己的话描述出来，写出自己的想法、思考和疑问，这样可以起到促进你思考消化的作用，相当于对课堂上听到的知识和信息又进行了一次梳理和内化，另外也是对笔记内容进行浓缩和升华。

你看，是不是和平时你记笔记的方式有点不一样?

其次，是要学会提问。我在平常的教学过程中发现，会提问的学生学习会更专注，因为只有进入心流状态认真思考的时候才能知道自己对哪些知识点是不理解的；会提问的学生会更有责任感，因为这些问题是他自己提出来的，他更想去学习和探究；会提问的学生学习质量会更高，因为好奇心是驱动学习的最内在的动力。

其实，**提出一个好问题比找到一个好答案更重要**。我在读博士期间参加各种学术会议的时候，科学家做完演讲之后通常会留出一点时间提问，我们当时被老师逼着"必须去问问题"，而且，如果你问的问题够好，回来后还会得到表扬。那什么是好的问题呢？其实，我们大多数人都是从问基础问题或者问"silly question"开始的，包括 4W（What、Who、When、Where），它可以帮助我们梳理学习内容。然后随着思考的深入，问题会越来越有深度，比如相关内容的社会背景、人和事物的内在逻辑等，这种问题就称为高阶问题。

那怎么才能提出好问题呢？有三种提问方式推荐给大家。第一种是聚合性的提问方式，围绕两个关键词"为什么"和"怎么做"展开，让自己从不同的线索和方向聚合，然后找出满意的答案。第二种是发散性的提问方式，是"如果……那么……"的提问方式，这与刚才的提问方式刚好相反，是从一个原点出发，开放式地去畅想答案，然后把自己的假设说出来的过程。第三种是批判式的提问方式，其实也是我们的教育中最缺乏的一个环节，那就是"你怎么看待这个问题""你还有什么其他想法吗"等，这种提问方式可以培养我们的 critical thinking（批判性思维）的能力，让自己从多个维度来考虑问题，同时勇于表达自己的观点。

在美国的学校里，经常使用的一种提问工具是"KWL 图表"，大家可以利用这个图表一起来学习怎么提问。KWL 分别代表的是：我已经知道的（Known），我想知道的（Want to know），我新学习到的（Learned）。

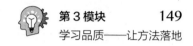
主题		
K	W	L
我已经知道的	我想知道的	我新学习到的

第一列：我已经知道的，列出关于某个话题我已经知道的任何内容。这些内容可能来源于阅读，也可能来源于生活，激活记忆。第二列：我想知道的，列出关于某个话题我想知道的内容，激发学生对即将学习的内容的兴趣和想象。第三列：我新学习到的，列出关于某个话题我新学习到的内容，对新知识进行回顾和沉淀。

三、怎么复习

关于怎么复习，其实在本书的第 2 模块就已经讲了很多了，比如输出、间隔练习、思维导图等，这里就不再重复了。

今天想和你重点说说考试之前怎么复习。还记得咱们在讲间隔的时候给大家说过要什么时候开始复习吗？例如，咱们通常 9 月开学，11 月中旬会有一次期中考试，那么是不是要等到期中考试的前一个星期再开始复习呢？当然不是，你至少学习 6 门学科，考试的前一个星期再复习就叫作"临时抱佛脚"。你可以回到第 2 模块看一下老师当时给大家列出的表格，复习一定是在你平时的学习过程中就完成的。如果 11 月中旬期中考试，那么你 9 月学习过的课程要在学完的 1~2 个星期再巩固一遍。

对于期末考试，除了平时的复习外，考前也是需要留出 1~2 个星期来再次复习的。下面将教给大家两种方法：检索和刷题。

第一是检索。检索就是对着目录想一遍。我们之前给大家讲过存储记忆和提取记忆，大家还记得吧？其实，对着目录想一遍的方法，就是增加提取记忆的过程。要能够对着目录讲出每一节的内容是什么，看看能不能说清楚。**目录本身就是框架，目录有助于我们把一个个知识点整理成系统性的知识网络，通过整理就能把知识的逻辑和脉络理清楚，内化形成自己的东西。**如果想不起来，就翻到对应章节的知识点上做个标记，对这些做了标记的知识点要认真复习。最后要达到对着目录可以复述出整本书的全部内容的程度。如果对着目录都说不清楚，那你仍旧处于"只见树木，不见森林"的阶段。

第二是刷题。按照顺序去做提取练习有个好处，就是框架感特别好，你对全书的内容有基本的认识，并可以复述出来。但是这种方式也有坏处，因为最终考试的时候，并不是按照顺序提取的，一道题可能要提取不同位置的知识点。另外就是提示太多，这就跟你背书的时候从前往后背有时候很顺、从中间背就卡壳了是一样的道理，因为从前往后背，前面的就等于是后面的提示。

那怎么办呢？我们可以试试乱序提取。如果我们把需要记忆的东西比作一张地图，地图上的每个位置都有知识点，而且它们纵横交叉。顺序提取就是按照顺序去记忆，乱序提取就是随机地进行知识点的记忆与学习，也让你能说出来。那怎么做乱序提取呢？其实，**乱序提取最好的方法就是做题。习题可不按照常理出牌，它总是以意想不到的方式出现在我们面前**。所以，考前一定量的习题练习是必需的。记住了，考前一定要多做练习题。

不过，经常有同学问我说，在复习的开始阶段，能感觉到学习效率很高，收获大，进步也很快；但是随着复习到了一定阶段，虽然与原来同样努力甚至更努力，但是却收效甚微，而且觉得自己所获得的知识越来越不牢固，原来记住的概念和定理在头脑中也变得不够清晰。有时候一点都学不下去，导致成绩下滑，这是怎么回事呢？

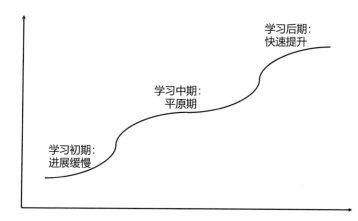

不要着急，这其实是正常现象，这称为学习中的"**高原现象**"。有一项对收发电报的研究发现，在收报练习 15~28 天之间，成绩一度停顿下来，虽有练习，但成绩却不见提高，这就是练习进程中的高原时期。事实上，造成高原现象的原因是多方面的。**当练习成绩已经达到一定水平时，旧的技能结构会限制人们发展新的行为。在没有完成这种改造之前，练习成绩只会处于停顿甚至暂时下降的状态**。继续进步需要改变现有的活动结构和完成活动的方式方法，而代之以新的活动结构和完成活动的新的方式方法。所以，在学习开始阶段所用的方法，到高原期不一定再合理，当到了高原期，我们要尽早探索适应该阶段的学习方法。高原现象并非极限，并非不能再进步的代名词，相反它就像是黎明前的黑夜，这时不要松懈，也不必有挫败感，这种停滞是正常的，是任何人都会出现的。虽然这段时间很难熬，但也是技能进入更高阶段的表现，只要适当地调整练习方法并付诸一定的努力，再坚持一段时间就会有质的提升。

这一节里干货满满，告诉大家"预习—听课—复习"的学习习惯养成的正确方法，希望同学们有所收获。

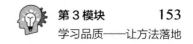

5

情绪管理

比赛拿了大奖，你会兴奋、开心；考试成绩不好，你会沮丧、难过；和好朋友闹别扭，你会心里委屈，以至于学习的时候总是心不在焉；遇到困难与挫折，你不愿意与老师和家长交流，自己闷闷不乐……这些情景是不是经常在你的学习和生活中出现呢？

快乐、嫉妒、愤怒、悲伤等，这些情绪每时每刻都发生着，影响着我们的生活和学习。那情绪到底是什么？它是如何产生的？我们又应该如何正确地应对自己的情绪，从而让我们能够以积极的态度迎接每一天的学习呢？

《情绪是什么》（*How We Feel*）一书的作者是一位神经科学家，他在这本书里运用了神经科学、脑科学、生物学和哲学等跨学科视角，一共分析了人类常见的 7 种感受，分别是：愤怒、内疚、焦虑、悲伤、共情、快乐和爱。书中比较颠覆我直觉的是，**通常我们会认为，自己在做决策的时候是大脑的理性在做决策，事实上，恰恰相反，做决策**

成为学习高手 清华博士的高效学习秘籍

的是我们的情绪，而理性的作用只不过是在你做出决策的时候，提供一个让你觉得可以自圆其说的解释。所以，在脑科学家看来，情绪给我们每个人思考问题的方式打下了基础，它才是我们人体的底层操作系统，理性是运行在这个系统之上的应用软件。**理性只不过是感情的工具，感情才是真正的决策者。**

作为一个生物学老师，一定要给大家简单讲一下情绪产生的相关机制，让你了解，所有的表象都是有生物学基础的。在这里，给同学们讲三个与大脑相关的结构或物质：杏仁核、多巴胺和前额叶皮质。

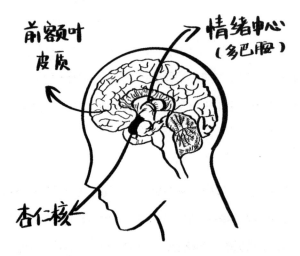

情绪是人类的底层操作系统

杏仁核。恐惧、焦虑、愤怒这些情绪是由人的杏仁核产生的，它位于大脑前颞叶背内侧部。它负责先天就具备的恐惧——比如一只在实验室出生的老鼠，从小跟着实验室的研究人员长大，从来都没见过猫，但是你给它闻猫的味道，它会产生恐惧——这就是杏仁核的作用，是从遗传里带出来的，通过进化写进了基因，进化已经把最可怕的东西编码写进了我们的杏仁核之中，让我们天生懂得趋利避害。人天生怕蛇也是这个道理。

多巴胺。这个词你并不陌生，我们前面说过很多次了，我们会开心、会快乐，都是因为大脑中产生了多巴胺。在比赛中取胜，你会收获多巴胺；解决一道数学难题，你会收获多巴胺；听到一曲美妙的音乐，你会收获多巴胺……收获的多巴胺越多，我们就越快乐。但是，快乐和预期有关。你有没有一种感觉，每次你期末考试前想象着考完试能够追几天几夜电视剧，其实比你真正干这件事的时候更快乐？反倒是考完试后追剧时间长了，会有一种无聊和失落的感觉。这其实也是进化给我们的设定，多巴胺跟预期有关，达到预期，多巴胺给的少；超出预期，才会给很多。因为只有这样，动物才能永不懈怠地追求更好的成绩。

前额叶皮质。它负责理性，让我们不被情绪完全控制。额叶皮质的前端，叫作“前额叶皮质”的这个区域，是大脑中的决策者。我们以前说过大脑是个多元整体，而决策就是从大脑发出的多个声音中选

择一个，这就是前额叶皮质做的事情。前额叶皮质还能给物品按照抽象的规则分类，还能提醒我们要自律。为什么青春期的时候会比较鲁莽、容易冲动、不能合理控制情绪？这是因为，前额叶皮质要等到 20 多岁的时候才能发育成熟。

但这并不意味着没有方法来应对我们的情绪。哈佛大学心理学博士丹尼尔·戈尔曼在《情商》（*Emotional Intelligence*）一书中提到，**情商是一种情绪智力，当我们有情绪的时候，可以通过"觉察—接纳—表达—转化"这四个途径，简称情绪管理四部曲，帮助我们把不良的情绪发泄出去。**

1. 觉察情绪：了解，面对

我们的念头可以非常有力地影响到我们的情绪和行为。我们每天大约有60000个念头产生，而其中大约95%与昨天的一样。我们可以像观察呼吸一样，观察念头和情绪的出现、变化和消失。比如，有一次考试没有考好，我们就会觉得自己好差劲，这个念头就会一直在脑子中回旋，并且越来越强烈。而强烈的念头，通常伴随着强烈的情绪。我们内心的痛苦，甚至比躯体上的痛苦更加广泛，而且同样会让我们憔悴、疲惫。跟躯体疼痛一样，我们需要对情感痛苦进行觉察，而且关键是你要愿意为这份痛苦留出空间，去欢迎它、观察它，不要强求改变或者逃避它，也不要用酒精或食物去麻痹它，而是要有意地确认

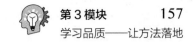
它，允许它的存在，善意地欢迎它，温和地体验它给你带来的感受。从这种觉察中我们能够慢慢意识到：所有情绪都只是精神现象，情绪不等同于事实，我们不等同于我们的情绪。

2. 接纳情绪：认可，同理

当觉察到自己的情绪时，你千万不要去评判它们。情绪就像你面前流过的河水，你不需要责备自己，情绪产生了就是产生了，它不是事实，也不是真相，它是大脑功能的一部分。你跟朋友聊天的时候，或者跟家人谈心的时候，不用刻意掩饰说"我没事"或"我很好"。有负面情绪并不是一种错误。想要能够调整自己的情绪，掩饰和逃避是没有任何作用的，必须要先懂得承认和接纳情绪。一个很好的方法就是写日记。当你产生情绪波动的时候，你可以记录下来，并且写一写这件事情给你的感受是什么。比如，我今天很愤怒、很生气、很沮丧等。当每一种情绪升起的时候，我们都带着同样的耐心、好奇和不评判的态度去观察它，敞开心扉去体验它、接纳它、肯定它，不需要改变它、压抑它、否定它。尤其是那些坏情绪或者消极情绪，当你能给自己的情绪命名并且接纳它的时候，你其实已经驾驭了你的情绪。接纳中要聚焦自我，要让自己看到整个事件的全貌，不仅看到事件的本身，而且还要能够看到事件背后情绪的动机和处理方式，这就为下一步表达情绪做好了准备。

3. 表达情绪：释放，疏导

表达是情绪的一种释放，也为情绪的转化做好准备。在接纳情绪后，要做的就是表达出来，但一定不要在有情绪的时候去表达，否则有可能让事件更加发酵。美国当代著名黑人女诗人玛雅·安杰卢说过一句话：别人会忘记你说过的话，别人会忘了你做过的事，但是别人永远不会忘记你给他们的感受。可见，一个人的言行会给他人一种好的或者不好的感受。因此，表达有一个很重要的原则就是你的表达是否有效，是否让别人感觉到被尊重。给大家一种比较合适的三段式的表达方法，"我感觉……是因为……我需要……"或者"你感觉……是因为……你需要"，用这种方式进行正向表达，可以让我们或他人更清晰地明白我们的内心和需求。比如，你和好朋友吵了一架，冷静下来后，你可以去找朋友这样表达你的感受："我感觉被你误解了很委屈，是因为我不是故意打断你讲话的，我需要和你好好聊一下，你看可以吗？"这样就不仅表达了你的情绪，还换来和他人沟通的机会。

4. 转化情绪：化解，调整

当我们表达了内在的情绪后，还需要像排毒一样，把这种情绪留下来的"脓毒"给排出去。可以通过找朋友聊天的方式，将不愉快都"排泄"出去。也可以通过深呼吸或者正念冥想的方式，让自己放松下来。或者通过运动，运动也是一个不错的转化方法，通过运动可以产生多巴胺，多巴胺是我们快乐的源泉，可以平衡我们的情绪和状态。再或者娱乐放松一下，比如来一场旅行、看一场电影、读一部小说等。

但是，这些其实都是暂时转移的方式，要想真正转化情绪，最终还需要通过改变我们看待问题的方式。在这里教大家一个情绪管理的 **ABC 情绪疗法**。ABC 情绪疗法是由美国最伟大的行为心理学家之一的埃利斯创立的，其中，A 代表诱发的事件（Activating Events）；B 代表信念（Beliefs），就是说我们对事情的看法、认识和评价；C 代表结果（Consequence）。埃利斯认为由于不同人的人生经验不同（即 B 是不同的），所以同样的 A 在不同人身上会引起不同的 C，也就是说导致 C 的不仅是 A，还有 B。这么说有点抽象，举个例子，考试成绩不是很理想是我们说的事件 A，甲同学觉得完蛋了，回去要挨批评（B），所以就产生了担心害怕的情绪（C）；但是乙同学觉得，这次没考好，要好好总结经验教训，下次一定可以取得更好的成绩（B），所以就产生了学习的动力（C）。你看，同样的事件 A，但是甲和乙产生的情绪是不同的，就是因为甲和乙看待事情的方式 B 是不同的。所以，你看，**情绪产生的本质其实是我们价值观或者认知层面上的问题，我们要逐渐转变自己的想法，成为一个积极向上、共情能力强和气质温暖的人。**

这一节介绍了情绪产生的生理本质，情绪其实才是我们的底层操作系统，而产生情绪是再正常不过的事情，我们要学会察觉并且接纳自己的情绪，学会表达和转化自己的情绪。希望你总是处于一种积极向上的状态，成为一个脚下有根、眼中有光的人。最后给你推荐一部迪士尼的电影《头脑特工队》（*Inside Out*），相信你看完以后一定会有所收获。

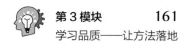

6

人际关系

几年前，我做班主任的时候，一个女生跑过来向我哭诉，说某同学在别人面前说她胖，可是某同学却是她认为最好的朋友，她不相信好朋友居然在背后说这样的话伤害她。从那个时候，我就意识到，青春期的孩子是非常敏感而又脆弱的。他们一方面有了自我意识，在慢慢地独立；另一方面，又是极其地渴望被爱，亲子关系、同学关系和师生关系等这些人际关系都深深地影响着他们。你想想，你是否也曾经有过这样的敏感时刻呢?

其实，**成长是一个非常多元的体系，在这个系统里不仅仅只有成绩，还有你的身体健康、心理健康、情绪健康等多方面的内容。**处理好和家长、同学以及老师的关系都非常重要，它能保证我们每天都以一种积极的状态投入学习。所以，这一节，老师就给大家讲讲，怎么才能处理好这些人际关系。

1. 亲子关系

在我们长大成人的过程中，特别是到了青春期，由于荷尔蒙的作用，我们会叛逆，会越来越有自己的主意。有句话这么说的："父母与子女之间的缘分就是今生今世不断地在目送他的背影渐行渐远。"从进化的角度讲，这种渐行渐远的过程其实是一件好事，这意味着我们开始了自我意识的觉醒，在构建自我认知的过程中慢慢地独立。

不过，我们也会经常遭遇青春期遇到更年期的尴尬。我有一个学生，在家里和父母发生了一些口角，就离家出走了几天，弄得老师和家长都超级担心。要知道，父母是非常爱我们的，如果在家庭中产生矛盾，我们要做的不是着急地去和父母发脾气，也不是给父母下马威，告诉他们我不好惹；而是告诉他们，这个矛盾通过沟通是可以解决的，而且，一定要告诉他们你是爱他们的。

所以，解决和家长的矛盾的第一个关键方法就是学会沟通和换位思考。

事实上，意见不一致不仅会发生在家庭之中，同样也发生在世界的任何一个角落。所以，**不妨把每一次矛盾冲突都想象成自己坐在谈判桌上的练习，都是在不同中寻求相同的、在相同中表达不同的换位思考，发挥自己的智慧，不要硬扛。**谈判中的双赢局面就是在保证各

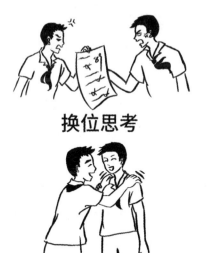

换位思考

自利益的前提下，尽可能多地给予对方他所期望的东西。当我们理性地看待每一次矛盾，真诚地告诉他们你不喜欢他们只关心你的学习成绩，或者希望他们不要命令你、能转变一下和你说话的方式，父母一定会有所觉察并反思做出改变的。

另外，我还有一个诀窍可以增进你和父母的亲密关系，就是和父母培养一项共同的爱好。有一个男学生，他和家庭关系一直非常好，我在和他家长交流的过程中发现，他的爸爸每周都会陪他打篮球，在篮球场上，他们是平等的关系，输赢也不会影响到彼此的感情，他们还会把篮球场上的这种逻辑移植到生活中，形成了平等的亲子关系，孩子能听进去父母的话，而父母也更容易敞开心扉接受孩子提出的各种建议。

2. 同学关系

你有没有发现，你自己很多时候会很在意自己和朋友之间的穿戴是否一样？想法是否一样？某某是不是在我的朋友圈里点赞了？某某和某某出去玩了是不是没有叫着我？这都属于正常的现象，我们需要

成为学习高手 清华博士的高效学习秘籍

从同伴那里了解他人眼中的自己。人毕竟是社会的人，找到自己认同的友谊是一个人生存的需要。

处于青春期的孩子，希望自己能够从家庭关系向外进行拓展，尤其希望脱离父母的管束和家庭的限制，建立自己的朋友圈。所以，毫不夸张地说，每一个同学都是绝对不能没有朋友的。哈佛大学著名心理学家埃里克森教授提出了一个社会心理发展理论：**在人类社会中，一个人如果感受不到"同一感"，无法从别人的认可中找到自我，就感受不到自己的存在**。所以，有良好的同学关系，找到自己的好朋友，就像每天都要吃饭睡觉一样，是一种生理需求，也是心理学上讲的要找到"一个人心理上的自我"。

还记得前文提到的学习小组吗？其实，建立学习小组的目的不仅是为了让同学能"输出"，另外一个目的就是交友。我们需要一个正向的大环境来认可自己的些许进步，而同伴的认可带给我们的价值和力量，远比家长给予的物质和口头的奖励来得多。我一个学生，他爸爸是某著名大学的教授，但是他爸爸说的话他从来不听，他也不觉得爸爸很厉害。反而，他非常佩服我们班的"学霸"，觉得我们班的"学霸"才是真的厉害，这真的让人哭笑不得。但是，从这一点上，我们可以看出来，在孩子的世界里，同伴关系才是最重要的，同学之间的人际关系才是他们所看重的。千万不要觉得交朋友是浪费时间，其实，这反而是在走向社会前，对人际关系的一场

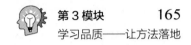
模拟学习。

不过，我们一定要确定好自己的择友标准。愿意为别人的成功而
鼓掌，能够看到别人身上的闪光点，对人对事都有一种乐观、积极的
态度，有相同的兴趣并能促进相互学习，具备这些特征的人就是可以
交的朋友。而不愿意把时间和精力用在帮助别人上，看到别人进步就
不开心，经常逃学、抽烟、打架等，具备这些特征的人最好不要交，
因为他们身上的负能量会把你的正能量消耗掉。所以，确定好择友标准，
找到志同道合的朋友，大家一起积极努力向上，就会形成良性的正反馈，
学习和交友两不误。

3. 师生关系

你有没有发现，在中学阶段，我们喜欢一门学科，往往是由于喜
欢这门学科的老师。老师教得好，我们就对这门学科特别感兴趣，愿
意投入大量的时间和精力去学这门学科；老师若教得不好，则对这门
学科怎么都提不起兴趣来。我有一个学生，特别反感上物理课，后来
通过聊天才知道，他特别不认同物理老师的教学方式，所以就用不交
作业、考试的时候装病等方式来反抗。但这样做的后果就是自己的成
绩一落千丈，最后倒霉的还是自己。这位同学做得比较极端，害了自己，
大家千万不要向他学。我还遇到过一种情况，某个班新来了一位语文
老师，是刚毕业的清华大学的硕士，教学非常努力。但有一个同学觉

成为学习高手 清华博士的高效学习秘籍

得老师上课缺乏经验，就在学校里拉帮结派，上课公然顶撞老师，甚至找家长，动用家长的力量找学校领导，要求换老师。这些行为我都能理解，但是我不建议这样做。因为这样做不仅打击老师的教学热情，让老师心灰意冷，而且还容易让同学形成一种错误的心智模式，产生一种对世界的错觉，全世界就应该围着自己转，直到世界上所有的安排都让自己满意为止。

良好的师生关系是助力我们学业进步的重要因素。那面对这些情况我们怎么处理呢？我们探讨一下解决方案，我自己总结了三步走的方法。

第一步，我们要以平和的心态去接受老师。悦纳别人，也是悦纳自己的一种方式。你先思考一下，这个老师是不是真的一无是处。每个人都是复杂的、多面的。如果你只盯着你不喜欢的一面来看，那么只会让你的负面情绪不断累积，得不到释放，对你的身心健康和学业进步没有一点儿好处。比如，那个物理老师，他的教学方式你不认可，可是其他同学为什么会觉得还可以？其他同学认可老师的什么地方？又或者那个语文老师，虽然是刚毕业的硕士，经验不足，但是她有很多先进的思想，身上也一定有很多值得挖掘的闪光点，要不然她怎么上的清华呢？所以，一定要学会发现老师身上的闪光点，从接受老师开始。

第二步，要找到问题的根源。问问自己到底不喜欢老师什么地方？
要把问题具体化，这样才有解决问题的可能性。比如，不认可老师的
教学风格的哪一点？后来我和那位老师沟通后，才知道是因为物理老
师会经常批评学生，但是表扬得少，有的同学一上物理课就担心被批评，
所以久而久之就不喜欢上物理课了。

第三步，积极沟通。不管是学习、工作还是生活，许多误会都是
因为不沟通才产生的。而积极沟通，基本上能有效解决 90% 以上的问
题。所以千万不要不敢向老师反馈你的想法。还是拿刚才的例子来说，
我后来就带着这位同学去和物理老师沟通，物理老师其实是一个非常
好的人，只不过会表现得比较严厉而已，当物理老师得知这位同学的
心结之后，上课的时候就更加注意多表扬学生，这位同学也就慢慢地
接受了物理老师，物理成绩就开始提高了。所以，当有了问题的时候，
我们千万不要让问题在那里打成死结，一定要用适当的方法把这个死
结变成活扣，解开了，一切就都好了。

好了，人际关系就讲到这里了，有点意犹未尽的感觉。在我们成
长的过程中，人际关系是非常重要的，它虽然不像成绩和分数一样看
得见、摸得着，却滋润着我们的心灵，时刻孕育着我们的成长。不要
忽视和家长、同学以及老师的关系，和他们建立良好的关系，不仅会
让我们有好的成绩，更会让我们受益终身。

后 记

与读书相关的事情

各位同学：

平日里我经常和学生聊天，发现学生其实想得挺多的。在后记里，我就和大家聊聊关于学习、关于读书，还有平时和我的学生谈论的一些话题，分享一些我的感悟。

上名校才能学习好吗

因为我所任教的学校算是北京最好的学校之一，所以很多学生都争着想考入我们的学校。但是，真的只有上名校才能学习好吗？继续我们的风格，先给大家说一项研究：学生 A 刚好达到重点高中的录取分数线，学生 B 只比录取分数线低一分。他们原本的水平几乎一样，但是 A 去了省重点，B 只能去市重点。那你猜一下，这两个学生将来考大学的时候，他们的成绩有没有显著的差距呢？

根据我们的常识，重点中学师资力量好、同学素质高，那肯定是上了重点中学的 A 学生成绩好啊！可是，结果却出乎意料，研究者统计了像 A 和 B 这两种人高中毕业时的标准化考试的成绩，结果是不相上下的。

这点看起来非常反常。不过，再想想，好像也不奇怪。好高中的大学录取率高，是因为好高中的生源质量本来就好，我们平时认为只有去好高中才能有好成绩的想法，其实是把因果关系倒置了。

成绩的好坏主要看学生的智力水平和努力程度，名校的影响在标准化考试的成绩面前作用并不大。也就是说，如果你的成绩正好压线，那上不上重点高中，对你将来的高考成绩可能影响不大。如果单纯追求高考成绩，那基本上是学生自己的事，名校的加持作用没有那么大。所以，读书好坏与上名校之间没有必然的关系。

但是，人们还是争着进名校，那名校的作用到底在哪里呢？名校提供的环境会让你眼界开阔、见识更广、有更大的视野、有更好的校友圈子、认识更厉害的人物，也就是说它**发挥的作用不是在当下，而是在未来**。再举个例子，有个学生，他的 SAT 和 GPA 都非常好，达到了哈佛大学的录取标准，他也申请了哈佛大学，但是因为课外活动不行而没有被录取，他没有上成哈佛，那么他的前途一定就不如那些上了哈佛的人吗？答案是：不是的。他未来十年的发展与上了哈佛的人没什么区别。如果你真行，你并不需要名校的加持，不过前提是，你要相信自己能够上哈佛，你有这样的自信，并为之努力才行。这些例子告诉我们，没有必要非要争名校；通过读书，**从底层思维模式去提升我们的认知，培养我们的学习动力和习惯，具备想要成功的自信，并为之努力，你终究会成功。**

承认运气的作用

康奈尔大学经济学家罗伯特·弗兰克的《成功与运气：好运和精英社会的神话》（*Success and Luck: Good Fortune and Myth of Meritocracy*）一书中讲到，**所谓的成功人士之所以能够成功，既不全是天赋的作用，也不全是努力的结果，而在很大程度上取决于运气。**

我知道，你可能不太相信运气，对此嗤之以鼻，我曾经也是。我年轻的时候也不相信所谓的运气，认为那是无能的人给自己找的借口。可是当我活到现在这个年纪、看到了很多事情后，我渐渐地觉得，我们可能还是要相信运气的作用。

我在课上经常给学生讲一个生物学上的公式：表现型＝基因型＋环境。用在生活中，表现型就是你生活的经历或者成功与否，基因型就是你的才能，环境就是你遇到的运气。翻译过来就是，**成功＝才能＋运气**。事实上，意大利物理学家和经济学家的跨界团队做了一个极简实验，专门研究了成功和运气的关系。具体实验过程我就不描述了，我只阐述一下实验结果。

首先，**人的才能是正态分布的**。人的才能受基因的影响，呈钟形曲线，曲线的顶点是平均值，2/3 的人都在距离平均值一个标准差的地方。也就是说，如果人的平均智商是 100，那么有 2/3 的人智商都在 85 至 115 之间，天才（智商超过 145）很少见，差不多占人群的千分之一。

其次，**运气是随机分布的**。运气就是随机降临的，它不会因为你是天才就多垂青你一些；也不会因为你的智商低于平均水平就少给你一些。但是，好运气在不同人的身上效果不同，才能高的人遇到好运气，收效可能更高；才能低的人遇到好运气，收效可能更低。这符合我们的直觉：运气属于准备好的人，你有能力，就能抓住运气。

最后，**成功是金字塔分布的**。成功的分布不出意外，完全符合二八定律，就是说 20% 的人拥有 80% 的财富。但你猜猜那 20% 成功的人是否是智商超群的那部分人呢？研究团队拿模型跑了 100 次，希望知道最终是哪些人取得了成功，结果是：普通人。当运气随机降临时，它往往降临在人多的地方，这符合我们平时在数学中学到的基本的概率常识。

我为什么给你讲这些？是让你全然相信运气、相信命运，坐以待毙？不，我是希望你能以平和的心态去看待每一次的胜负。如果你奋力拼搏、倾尽全力了，却仍然功败垂成，你只是输给了运气，不必太在意。你要相信，只要你一直在做你坚持认为是对的事情，那么继续坚持下去，运气一定会到来，你也一定会取得属于你的成功。

那问题来了，什么事情是对的事情？如何确定做一件事情时是要坚持还是要另找方向？这要靠你的认知来判断。投资界有一句话："你永远都无法赚取你认知之外的钱"，因为你的认知决定了你的高度。社会变化这么快，没有什么是一成不变的，在这个不确定的世界里唯一的确定性就是不确定本身，而唯有读书，才能让自己的认知跟上时代的变化，让自己的大脑不断地迭代和进化，才能准确地判断到底什么是对的、什么是错的，及时地调整方向，而不是傻傻地一根筋往前走。

所以，我们承认运气的作用，但是也相信读书的作用。读书能提高我们的认知，读书能让我们的努力和坚持多一些被运气垂青的机会，读书可以改变我们的命运。如果有人不认同，那一定是因为他读书不够好。

读书真正的意义是什么

我们前面讲了读书能让我们开阔视野，看到更大的世界；能让我们改变命运，让运气更多地垂青于我们。

不过，用功读书不是要让你和别人比拼成就，而是让你在将来能有更多选择的权利，而不用被迫谋生。而我更想说的是，读书最值得我们去追求的原因是读书能给我们带来终极的幸福。

亚当·斯密曾经说过，**我们不应该过分追求财富和名望**。用生物学上的术语来给大家做个比喻：财富、地位等在社会中所处的位置，可以类比为各种生物在食物链上所处的位置。资源越多，所处的食物链的位置就越高。但是，因为食物链排名是个正反馈的游戏，你排名100的时候想进前10，排名前10时又想拿第一；月薪1万的时候会想着月薪10万，月薪10万后就会想月薪100万，你会陷入其中，无法自拔。

那我们继续回来看，既然食物链排名不是我们要去追求的东西，那应该追求什么呢？我认为，就是通过读书建立一套成熟的价值观——建立对世界的正确认识，对人生合理的安排，知道什么东西是好东西，明白如何做决策。多读书可以增加自己的见识水平，让时间的复利累积，让一万小时的复利增值。大家不妨算一下（1+0.01）^{365}的值，大约是37.8，而（1-0.01）^{365}的值，大约是0.03；每天即使只读一点点书，不断学习，那你也会不断进步。过滤短期信息，专注长期表现，这样终有一天你会建立起自己能力的护城河、建立自己的系统，成功在某一时候就会出现。

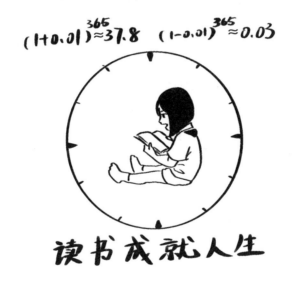

而且，当你读书多了，对世界能做到洞若观火的时候，你就会知道自己喜欢做什么、擅长做什么以及如何与国家大势、社会需求结合起来，踏踏实实想要做成一件事，而不单纯追求自己在其中获得什么地位。最高级的幸福形态就是我们常说的"苟利国家生死以，岂因祸福避趋之"。有时候你能感到一个使命的召唤，认为自己就应该干这件事才幸福。读书能让我们过上自己想要的人生，找到机会去做些大事，这样你的一生都会无比幸福。

　　最后这部分，没有给大家讲操作层面的东西，我们又从术的层面拉回到了道的层面。但是这一部分，确实凝结了我这几年思考最多也最想对你说的话，you are what you read，你现在的模样就是你读过的书、走过的路、见过的人。骄傲的少年，读书吧！